高职高专会计专业
工学结合系列教材

财务会计全真实训

第四版

- 陈 强 常化滨 主 编
- 马 菁 张丹丹 副主编

清华大学出版社
北京

内 容 简 介

本书是《财务会计实务(第四版)》的配套实训教材。本书以最新颁布的财经法规为依据,以企业的真实工作任务为载体,实训内容和过程体现了行业的最新动态。本书旨在把工学结合、知行合一作为研究的重要切入点,与企业加强教学环节、课题研究等项目的合作,突出学生会计职业精神、会计职业判断、业务与财务融合、会计实践能力的培养,促进教学改革与实践。

本书将单项实训与综合实训相结合,全书共分 A 篇和 B 篇两大部分。A 篇为财务会计实训资料,其中任务 A-1~任务 A-14 为随教学进度开展的与实际工作一致的全真单项实训操作资料;任务 A-15 为全真综合能力实训操作资料,要求学生在学完本课程后,以企业实际发生的经济业务为对象,完成从建账开始到填制审核凭证、登记账簿和编制财务报表的一个完整的会计循环。B 篇与 A 篇一一对应,是 A 篇配套的原始凭证,可以撕下来使用。

本书既可作为应用型本科院校、高等职业教育、中等职业教育财务会计课程的实训教材,也可作为财会人员的岗位培训教材,还可作为财会工作者和经营管理人员的参考用书。

本书封面贴有清华大学出版社防伪标签,无标签者不得销售。
版权所有,侵权必究。举报:010-62782989,beiqinquan@tup.tsinghua.edu.cn。

图书在版编目(CIP)数据

财务会计全真实训/陈强,常化滨主编. —4 版. —北京:清华大学出版社,2021.4
高职高专会计专业工学结合系列教材
ISBN 978-7-302-57502-3

Ⅰ.①财… Ⅱ.①陈… ②常… Ⅲ.①财务会计-高等职业教育-教材 Ⅳ.①F234.4

中国版本图书馆 CIP 数据核字(2021)第 021635 号

责任编辑:左卫霞
封面设计:杨昆荣
责任校对:袁 芳
责任印制:杨 艳

出版发行:清华大学出版社
网 址:http://www.tup.com.cn,http://www.wqbook.com
地 址:北京清华大学学研大厦 A 座　邮 编:100084
社 总 机:010-62770175　邮 购:010-62786544
投稿与读者服务:010-62776969,c-service@tup.tsinghua.edu.cn
质量反馈:010-62772015,zhiliang@tup.tsinghua.edu.cn
课件下载:http://www.tup.com.cn,010-83470410

印 装 者:三河市龙大印装有限公司
经 销:全国新华书店
开 本:185mm×260mm　印 张:19　字 数:278 千字
版 次:2010 年 8 月第 1 版　2021 年 4 月第 4 版　印 次:2021 年 4 月第 1 次印刷
定 价:49.00 元

产品编号:088754-01

丛书总序

2019年2月13日,国务院发布了《国家职业教育改革实施方案》(国发〔2019〕4号,简称职教20条),提出:"建立健全学校设置、师资队伍、教学教材、信息化建设、安全设施等办学标准,引领职业教育服务发展、促进就业创业。落实好立德树人根本任务,健全德技并修、工学结合的育人机制,完善评价机制,规范人才培养全过程。深化产教融合、校企合作,育训结合,健全多元化办学格局,推动企业深度参与协同育人,扶持鼓励企业和社会力量参与举办各类职业教育。推进资历框架建设,探索实现学历证书和职业技能等级证书互通衔接。"建设融"教、学、做"为一体、强化学生能力培养的优质教材显得更为重要。

2016年5月1日起,营业税改征增值税在全国范围内全面推开,营业税退出了历史舞台;2016年7月1日起,全面推行资源税改革;2019年1月1日起,施行修订后的《中华人民共和国个人所得税法实施条例》;2019年4月1日起,增值税税率原适用16%的调整为13%,原适用10%的调整为9%;2019年5月1日起,降低社会保险费率。会计法规在变、税法在变,教材也应及时更新、再版。

为满足教学改革和教学内容变化的需要,我们对2007年立项、梁伟样教授主持的清华大学出版社重点规划课题"高职院校会计专业工学结合模式的课程研究"成果,2009年以来出版的"高职高专会计专业工学结合系列教材"陆续进行修订、再版,包括《出纳实务》《基础会计实务》《财务会计实务》《成本会计实务》《企业纳税实务》《会计电算化实务》《审计实务》《财务管理实务》《财务报表阅读与分析》,前7种教材单独配备了"全真实训",以方便教师的教学与学生的实训练习。

本系列教材具有以下特色。

(1) 项目导向、任务驱动。以真实的工作目标作为项目,以完成项目的典型工作过程(环节、方法、步骤)作为任务,以任务引领知识、技能和态度,让学生在完成工作任务中学习知识、训练技能,获得实现目标所需要的职业能力。

(2) 内容适用、突出能力。根据高职毕业生就业岗位的实际情况,以会计岗位的各种业务为主线,以介绍工作流程中的各个程序和操作步骤为主要内容,围绕职业能力培养,注重内容的实用性和针对性,体现职业教育课程的本质特征。

(3) 案例引入、学做合一。每个项目以案例展开并贯穿于整个项目中,打破长期以来的理论与实践二元分离的局面,以任务为核心,配备相应的全真实训教材,便于在做中学、学中做,学做合一,实现理论与实践一体化教学。

（4）资源丰富、方便教学。在教材出版的同时为教师提供教学资源库，主要内容为教学课件、习题答案、趣味阅读、课程标准、模拟试卷等，以便于教师教学参考。

本系列教材无论从课程标准的开发、教学内容的筛选、教材结构的设计还是到工作任务的选择，都倾注了职业教育专家、会计教育专家、企业会计实务专家和清华大学出版社各位编辑的心血，是高等职业教育教材为适应学科教育到职业教育、学科体系到能力体系两个转变进行的有益尝试。

本系列教材适用于高等职业院校、高等专科学校、成人高校及本科院校的二级职业技术学院、继续教育学院和民办高校的财会类专业，也可作为在职财会人员岗位培训、自学进修和岗位职称考试的教学用书。

本系列教材难免有不足之处，敬请各位专家、教师和广大读者不吝指正，希望本系列教材的出版能为我国高职会计教育事业的发展和人才培养作出贡献。

高职高专会计专业工学结合系列教材
编写委员会

第四版前言

作为浙江省重点教材，《财务会计全真实训》自面市以来，得到了全国各地高职院校的关注，许多高职院校把它作为指定教材。第四版以我国最新颁布的相关财经法规为依据，对《财务会计全真实训(第三版)》进行了全面修订，进而推出《财务会计全真实训(第四版)》(习材)。本书着重突出以下四个特点。

(1) 单项实训与综合实训相结合。本书以企业的真实工作任务为载体设计实训内容和过程，单项实训与综合实训相结合，全书共分 A 篇和 B 篇。A 篇为财务会计实训资料，其中任务 A-1～任务 A-14 为随教学进度开展的与实际工作一致的全真单项实训操作资料，任务 A-15 为全真综合能力实训操作资料，要求学生在学完本课程后，以企业实际发生的经济业务为对象，完成从建账开始，到填制审核凭证、登记账簿和编制财务报表的一个完整的会计循环。B 篇与 A 篇一一对应，是 A 篇配套的原始凭证，可以撕下来使用。这一渐进式的学习与训练过程必将为培养高级应用型会计专业人才打下坚实的基础。

(2) 实务操作能力与职业判断能力培养相结合。本书的每个任务都配有相应的职业判断案例，"业务与财务"融合，"做、学、教、证、赛、创"相结合，强化学生的实际操作能力、职业判断能力的培养。通过实训和相应职业判断案例分析，将会计专业知识和会计实务有机地结合在一起，培养学生的职业意识，提高职业素质和工作能力，提高学生的动手操作能力、职业判断能力、分析判断能力和综合处理问题的能力，使所学的专业知识在学校转化成技能，缩短了毕业后工作的适应期，从传统的会计核算向致力于业务发展转变。

(3) 实训资料"全、真、新"。本书涵盖了工业企业会计核算的主要内容，所有原始凭证式样均来自当前企业、银行、税务的实际调研，仿真性强，并体现了最新的财经法规与政策。

(4) 配有丰富的网络教学资源，作为教育部职业教育"财务管理"专业资源库立项建设项目子项目"企业会计实务"建设课程，在智慧职教平台建有相关数字课程(智慧职教—MOOC 学院—陈强—企业会计实务、智慧职教—MOOC 学院—陈强—初级会计实务、智慧职教—MOOC 学院—陈强—会计基础)，帮助学生自学和教师线上线下混合式教学。

本书由浙江商业职业技术学院陈强教授、包头职业技术学院常化滨教授担任主编，杭州杭氧股份有限公司马菁审计部长/高级会计师、浙江商业职业技术学院张丹丹会计担任副主编。具体编写分工如下：陈强对全书进行统稿、修订、总纂，并编写任务 A-1、任务 A-2、任务 A-8、任务 A-10、任务 A-15 和配套 B 篇内容；常化滨编写任务 A-3、任务 A-6、任务 A-7 和配套 B 篇内容；马菁编写任务 A-12、任务 A-13 和配套 B 篇内容；张丹丹编写任务 A-4、任务 A-5、任务 A-11 和配套 B 篇内容；渤海船舶职业学院戴薇编写任务 A-9、任务 A-14 和配套 B 篇内容；浙江晨龙锯床集团有限公司周杰高级会计师负责审稿。

  本书在编写过程中得到了清华大学出版社、相关企业专家、相关院校领导和教师的大力支持,并借鉴了许多财务、会计等方面的书籍、报纸和杂志的有关观点,以及会计法规辅导讲解资料,编者在此一并表示感谢！同时限于编者认知水平及能力,书中难免有不足之处,敬请专家和广大读者批评、指正。

编 者

2020 年 11 月

第一版前言

"经济越发展,会计越重要。"随着市场经济的不断发展,财务会计人员在企业中的重要性正与日俱增,在企业中的地位也不断上升。那么,要成为一名合格的财务会计人员,应该掌握哪些必要的技能和知识,《财务会计实务》无疑是其最核心的专业课程之一。

《财务会计全真实训》是《财务会计实务》(陈强主编)的配套实训教材,全书主要特点如下。

(1) 以企业的真实工作任务为载体设计实训内容和过程,分为 A 篇和 B 篇。A 篇编写采用随教学进度展开的与实际工作一致的全真能力单项实训操作资料(任务 A-1～任务 A-14),以及学生在学完本课程后以企业单位实际发生的经济业务为对象,从建账开始,到填制审核凭证、登记账簿和编制财务报表的全真能力综合实训操作资料(任务 A-15)。B 篇是 A 篇对应的原始凭证。实训资料力求准确、规范,实训所有原始凭证式样来自企业、银行、税务的实际调研,仿真性强。每一个工作任务都与特定的岗位职业能力培养相结合,以便学生踏入社会后能适应职业岗位(群)的需要。这一渐进式的学习与训练过程必将为培养高级应用型会计专业人才打下坚实的基础。

(2) 教材的每个任务配有相应的职业判断案例,教、学、做相结合,强化学生实际操作能力、职业判断能力的培养。通过实训和相应职业判断案例分析,使学生掌握特定会计主体生产经营活动中发生的一般经济业务的会计处理,将会计专业知识和会计实务有机地结合在一起,培养学生的职业意识,提高学生的职业素质和工作能力,提高学生的动手操作能力、职业判断能力、分析判断能力和综合处理问题的能力,使所学的专业知识在学校转化成技能,缩短了毕业后工作的适应期。

(3) 构建网络平台,实现优质资源共享。建有与《财务会计实务》《财务会计全真实训》配套的国家级精品课程网站(2007 年度国家级精品课程)。其独立的 Internet 域名为 http://kjjp.zjvcc.cn。网站内容包括课程描述、教学实施、网络课件、实践教学、习题试题、会计视野、互动教学等模块。为学生自主学习、自我训练、研究性学习和扩充性学习以及和教师交流提供了一个功能强大的远程会计教育平台。

本书由浙江商业职业技术学院陈强老师、浙江经济职业技术学院刘莉老师以及浙江经济职业技术学院王茜老师共同编写,由杭州杭氧物资有限责任公司马菁高级会计师负责审稿。

本书在编写过程中参考了不少专著和教材,得到了有关专家、学者、院校领导,以及清华大学出版社的大力支持,在此一并表示感谢!

  本书为浙江省社会科学界联合会《企业会计实务全真实训教程》重点研究课题(文件号:浙社科联发〔2007〕25号 编号:07Z52-G)的研究成果。

编 者

2010年3月

目录

| 1 | 绪论 |

16 A 篇 财务会计实训资料

- 任务 A-1　货币资金实训 ················ 16
- 任务 A-2　应收及预付款项实训 ············ 20
- 任务 A-3　原材料采用实际成本核算实训 ······· 25
- 任务 A-4　原材料采用计划成本核算实训 ······· 29
- 任务 A-5　固定资产实训 ················ 32
- 任务 A-6　无形资产实训 ················ 36
- 任务 A-7　以公允价值计量且其变动计入当期损益的金融资产实训 ····· 39
- 任务 A-8　以摊余成本计量的金融资产实训 ······ 41
- 任务 A-9　长期股权投资实训 ·············· 42
- 任务 A-10　流动负债实训 ················ 44
- 任务 A-11　非流动负债实训 ··············· 47
- 任务 A-12　收入和费用实训 ··············· 50
- 任务 A 13　实收资本实训 ················ 53
- 任务 A-14　利润及利润分配实训 ············· 57
- 任务 A-15　财务会计综合实训 ·············· 58

73 B 篇 财务会计实训原始凭证资料

- 任务 B-1　货币资金实训原始凭证资料 ········· 73
- 任务 B-2　应收及预付款项实训原始凭证资料 ····· 81
- 任务 B-3　原材料采用实际成本核算实训原始凭证资料 ···· 88
- 任务 B-4　原材料采用计划成本核算实训原始凭证资料 ···· 95
- 任务 B-5　固定资产实训原始凭证资料 ········· 104
- 任务 B-6　无形资产实训原始凭证资料 ········· 115
- 任务 B-7　以公允价值计量且其变动计入当期损益的金融资产实训原始凭证资料 ············ 119
- 任务 B-8　以摊余成本计量的金融资产实训原始凭证资料 ···· 122
- 任务 B-9　长期股权投资实训原始凭证资料 ······ 127
- 任务 B-10　流动负债实训原始凭证资料 ········ 135

任务 B-11	非流动负债实训原始凭证资料	143
任务 B-12	收入和费用实训原始凭证资料	147
任务 B-13	实收资本实训原始凭证资料	157
任务 B-14	利润及利润分配实训原始凭证资料	163
任务 B-15	财务会计综合实训原始凭证资料	165

183 参考文献

绪　　论

一、会计人员应具备的能力

一个专业会计师应该具备哪些职业能力？在他的职业能力中，财务会计知识和解决问题的能力哪一项更重要？在由北京大学光华管理学院会计系举办的"会计师职业道德与公司社会责任"论坛上，澳洲会计师公会北京代表处首席代表章海贤先生对此问题做了如下阐述。

如何取得专业会计师的相关职业能力，这是一个能力框架的问题。只有对能力框架有一个正确的认识，才能解决如何获得这些能力的问题。目前，无论是大学，还是专业团体，或者是培训机构、雇主，都非常重视会计师的职业能力问题，这是个很大的转变。传统上，人们比较强调学历，比较重视会计学科的知识和会计实践。这种要求比较单一，这与当时我国的经济发展水平和经济管理模式有关。在计划经济时代，企业只需按国家计划生产和销售，无须考虑市场和竞争问题。在这样的企业，会计师的工作比较轻松，只要记好账、算好账就行了。只要熟悉会计制度，就是一个称职的会计。现在不同了，实行市场经济需要会计师发挥更大的作用。会计师除了要做好财务会计工作外，还要重视管理工作。在西方，会计师更被看成管理层的业务管理伙伴（business partner）。当然，对外资企业、跨国公司和海外上市的国有企业来说，会计知识还包括国际会计准则和国际财务报告规则。而要成为管理层的业务管理伙伴，仅有会计方面的知识显然不够，还必须掌握一定的管理知识；同时，作为管理者，必须具备领导能力、交流技巧和演讲技能等软性技能（soft skills）。当然，除了企业外，社会各界也已经对此达成了共识。

职业能力并不是一个固定的概念，因为各个国家有不同的标准，每个国家不同的会计师协会对会员的要求也有不同的标准，所以这个概念是变化的。

另外，对专业会计师来说，他们所从事的工作往往有很大的不同，有的在公司、企业里从事一些财务会计工作；有的在会计师事务所从事审计服务；有的还会对企业提供破产清算和公司重组的服务，当然管理会计也是企业内部一项重要的工作；还有的会计师投身税务和理财业务。因此，不同的业务领域对职业能力会有不同的要求。

如何评价职业能力呢？职业能力是要在工作当中才能真正评价的一种能力，一个人

是否称职,是否具备所从事的工作应有的能力,该能力应该与特定的工作领域和岗位密切相关。

评价一个人的职业能力涉及以下三项要素。

第一,个人能力。个人能力可分解为知识水平(包括理论知识和实践知识)、工作技能和工作态度。知识水平更多的是指所掌握的书本知识,也包括实务工作中理解实务的能力。工作技能包括软性技能,如分析能力、发现问题和解决问题的能力、设计创新能力、谈判能力、人际关系、建立和利用组织内部和组织间网络的能力,以及在压力、变化、冲突和挑战的情形下有效地处理危机的能力。工作态度是指对工作所持有的评价与行为倾向,包括工作的认真度、责任度、努力程度等。由于这些因素较为抽象,因此通常只能通过主观性评价来考评。另外,素质和气质也是职业能力的重要组成部分。

第二,工作表现,仅有能力没有表现出来也是不胜任的。工作表现首先会涉及从事什么样的工作。因为工作不同,要求不同,表现自然会不同。工作岗位所在的行业性质不同,职业能力要求就不同,如汽车工业、能源工业、服务行业等会有不同的职业能力要求。即使在同一行业,不同的工作岗位也会有不同的要求。高级岗位、中级岗位和初级岗位一定有各自的能力要求。在一个公司内部也有不同的岗位,具体来说,就是每个人都有不同的工作职责。这些都会构成一个人的职业能力要求,而这些要求都会有所不同。

第三,行业或者本公司的业务标准。对会计行业来说,很难制定一个具体的会计师业务标准。这个业务标准主要通过会计师协会对会员提出的能力框架标准来实现。作为一个协会,它会从选拔人才的角度制定入会的标准,如应该具备什么样的学历才可以入会,进入协会后,提供什么样的专业课程给会员学习,还会涉及后续教育和会员服务的问题。另外,还有一个职业道德的约束问题。所有这些就会构成一个会计师协会对自己的会员的能力框架要求。值得注意的是,各个会计师协会因为培养人才的理念不同,其制定的入会政策和考试科目也存在较大差异。就澳洲会计师公会而言,其目标是培养会员成为会计、财务和商务领域的领导者,因此,入会门槛更高,考试科目融合管理类课程,使会员有更好的发展机会。

然而,有的时候很难判断会计人员是否达标,因为标准并不是百分之百都是客观的,需要主观判断或需要对标准做出解释。

资料来源:http://www.xici.net/u13424766/d62136110.htm

二、会计机构的设置

《中华人民共和国会计法》第三十六条第一款对会计机构和会计人员的设置作了如下规定:"各单位应当根据会计业务的需要,设置会计机构,或者在有关机构中设置会计人员并指定会计主管人员;不具备设置条件的,应当委托经批准设立从事会计代理记账业务的中介机构代理记账。"这一规定包括以下三层含义。

第一层含义:各单位可以根据本单位的会计业务繁简情况决定是否设置会计机构。但是,无论是否需要设置会计机构,会计工作必须依法开展,不能因为没有会计机构而对会计工作放任不管,这是法律所不允许的。会计机构是各单位办理会计事务的职能机构,会计人员是直接从事会计工作的人员,建立健全会计机构,配备数量和素质都相当的、具备从业资格的会计人员,是各单位做好会计工作,充分发挥会计职能作用的重要保证。因此,为了科学、合理地组织开展会计工作,保证本单位正常的经济核算,各单位原则上应设置会计机构。

第二层含义:不能单独设置会计机构的单位,应当在有关机构中设置会计人员并指定会计主管人员。这是提高工作效率、明确岗位责任的内在要求,同时也是由会计工作专业性、政策性强等特点所决定的。会计主管人员作为中层管理人员,行使会计机构负责人的职权,按照规定的程序任免。

第三层含义:不具备设置会计机构和会计人员条件的,应当委托经批准设立从事会计代理记账业务的中介机构代理记账。

至于一个单位究竟需要配备多少会计人员、设置多少会计岗位,没有什么统一的标准,各单位可以根据本单位的组织结构形式、业务工作量和经营规模等因素来设置。

三、企业如何建账

(一)一般性问题

任何企业在成立初始阶段都面临建账问题。何谓建账呢?就是根据企业所在行业的具体要求和将来可能发生的会计业务情况,购置所需要的账簿,然后根据企业日常发生的业务情况和会计处理程序登记账簿。这看似是一个非常简单的问题,但建账过程可以看出一个人会计业务的能力,以及对企业业务的熟悉情况,所以要了解企业如何建账。无论何类企业,在建账时都要首先考虑以下问题。

1. 与企业相适应

企业规模与业务量是成正比的,规模大的企业,业务量大,分工也复杂,会计账簿需要的册数也多。企业规模小,业务量也小,有的企业,一个会计可以处理所有经济业务,设置账簿时就没有必要设许多账,所有的明细账合成一两本就可以了。

2. 依据企业管理需要

建立账簿是为了满足企业管理需要,为管理提供有用的会计信息,所以在建账时以满足管理需要为前提,避免重复设账、记账。

3. 依据账务处理程序

企业业务量大小不同,所采用的账务处理程序也不同。企业一旦选择了账务处理程序,也就选择了账簿的设置,比如,企业采用的是记账凭证账务处理程序,企业的总账就要根据记账凭证序时登记,就要准备一本序时登记的总账。

不同的企业在建账时所需要购置的账簿是不相同的,总体来讲要依企业规模、经济业务的繁简程度、会计人员多少、采用的核算形式及电子化程度来确定。但无论何种企业,都存在货币资金核算问题,现金和银行存款日记账都必须设置。另外,还需设置相关的总账和明细账。所以,当一个企业刚成立时,一定要购买这几种账簿和相关账页。需要说明的是,明细账有许多账页格式,在购买时要选择好所需要格式的账页,如借贷余三栏式、多

栏式、数量金额式等,然后根据明细账的多少选择所需要的封面和装订明细账用的账钉或线。另外建账初始,必须购置的还有记账凭证。如果该企业现金收付业务较多,在选择时就可以购买收款凭证、付款凭证、转账凭证;如果企业收付业务量较少,购买(通用)记账凭证也可以。除凭证外,还需记账凭证封面、记账凭证汇总表、记账凭证装订线、装订工具。为报表方便还应购买空白资产负债表、利润表、现金流量表等相关会计报表,以上是一般企业建账时要做的准备工作。

(二)工业企业

工业企业是指那些专门从事产品的制造、加工、生产的企业,所以也有人称工业企业为制造业。工业企业由于会计核算涉及内容多,又有成本归集与计算问题,所以工业企业建账是最复杂的也是最具有代表意义的。工业企业建账的主要内容如下。

1. 现金日记账和银行存款日记账

现金日记账和银行存款日记账这两种账簿是企业必须具备的。会计人员在购买时,应两种账簿各购一本。但如果企业开立了两个以上的银行存款账号,账本需要量就要视企业的具体情况确定。等使用完毕,再购入新账本。

首先根据账簿的启用要求将扉页要求填制的内容填好,根据企业第一笔现金来源和银行存款来源登记现金日记账和银行存款日记账。

2. 总分类账

企业可根据业务量的多少购买一本或几本总分类账(一般情况下无须一个科目设一本总账)。因工业企业会计核算使用的会计账户较多,所以总账账簿的需要量可能会多一些,购买时需多购置几本,但也要根据业务量多少和账户设置的多少购置。然后根据企业涉及的业务和会计科目设置总账。从原则上讲,只要是企业涉及的会计科目,就要有相应的总账账簿(账页)与之对应。会计人员应估计每一种业务的业务量大小,将每一种业务分开,并在纸上写明每一种业务的会计科目名称,以便在登记时能够及时地找到应登记的账页,在使用总账分页时,假如总账账页从第1~10登记现金业务,就要在目录中写清楚"库存现金……1~10",并且在总账账页的第1页贴上口取纸,口取纸上写清楚"库存现金";第11~20页为银行存款业务,要在目录中写清楚"银行存款……11~20",并且在总账账页的第11页贴上写有"银行存款"的口取纸,以此类推,总账就建好了。

为了登记总账的方便,在总账账页分页使用时,最好按资产、负债、所有者权益、收入、费用的顺序来分页,在口取纸的选择上也可将资产、负债、所有者权益、收入、费用按不同颜色区分开,以便于登记。

总账的登记可以根据记账凭证逐笔登记,也可以根据科目汇总表登记,或根据汇总记账凭证进行登记。

3. 明细分类账

在企业中,明细分类账是根据企业自身管理需要和外界各部门对企业信息资料需要来设置的。企业可根据自身的需要增减明细账的设置。日常根据原始凭证、汇总原始凭证及记账凭证登记各种明细账。无论按怎样的分类方法,各个账户明细账的期末余额之和应与其总账的期末余额相等。

在工业企业中还应根据增加的总账,增加相应的明细账。在采用材料按实际成本计价的企业,要设置在途物资明细账,以便核算不同来源的材料的实际成本。在材料按计划成本计价的企业,要设置材料采购明细账,并采用横线登记法,按材料的各类规格、型号登记材料采购的实际成本和发出材料的计划成本,并根据实际成本和计划成本的差异反映材料成本差异;另外,为配合材料按计划成本计价,可以建立"材料成本差异"明细账,它是原材料备抵调整账户,同原材料相同,它也是按材料的品种、规格设置的,反映各类或各种材料实际成本与计划成本的差异,计算材料成本差异分配率。

为计算产品成本,要设置基本生产成本明细账,也称产品成本明细分类账或产品成本计算单。根据企业选择的成本计算方法,可以按产品品种、批别、类别、生产步骤设置明细账;根据需要设置辅助生产成本明细账,用以反映归集的辅助生产费用或辅助生产成本及分配出去的辅助生产成本和转出的完工的辅助生产产品,辅助生产成本明细账应根据辅助生产部门设置。制造费用明细账是所有工业企业都必须设置的,它根据制造费用核算内容,如工资费、折旧费、修理费、低值易耗品摊销费、劳保费等来设置。

4. 其他问题

因工业企业的成本计算比较复杂,所以企业在建账时,为了便于凭证的编制,要设计一些相关成本计算用表格,如材料费用分配表、领料单、工资费用计算表、折旧费用分配表、废品损失计算表、辅助生产费用分配表、产品成本计算单等。

(三) 商品流通企业

商品流通企业是指从事商品流通(买卖)的独立核算企业,主要包括商业、供销合作社、粮食、外贸、物资供销、图书发行等企业,如商场、大中小型超市等。因商品流通企业的经济活动主要是流通领域中的购销存活动,所以该类企业的核算主要侧重于采购成本和销售成本的核算及商品流通费用的核算。该类企业账簿的建立的主要内容如下。

1. 现金日记账和银行存款日记账

商品流通企业的现金日记账和银行存款日记账的建立方式与工业企业是相同的。

2. 总分类账簿

商品流通企业的总分类账簿除了要设置上述工业企业的日常总分类账簿之外,还要设置库存商品、商品进销差价这两个商品流通企业必须使用的总账账簿。如果经常委托他人代销商品或为他人代销商品,还需设置委托代销商品、代销商品款、受托代销商品账簿。

3. 明细分类账的设置

根据增设的总账账簿,还应增设相关明细账簿,如库存商品明细账,反映商品的收发结存情况,可按商品的种类、名称、规格和存放地点设置,要求采用数量金额核算法。在按实际成本计算已销商品成本时,库存商品的发出可按个别计价法(分批实际成本计价)、加权平均法、移动加权平均法、先进先出法、进销差价法和毛利法。如果企业是商品零售企业,还需设置"商品进销差价"明细账,该账户是"库存商品"的调整账户,所以它的明细账设置口径应与"库存商品"明细账一致。"经营费用"作为反映商品流转整个经营环节所发生的各种费用,应按费用的种类,如运输费、装卸费、整理费、广告费等分类反映。

"主营业务收入""主营业务成本"明细账可以按商品的种类、名称、规格或不同的销售部门设置。商品流通企业明细账的设置,除了上述明细账外,其余与工业企业明细账的设置相同。

4. 其他问题

因商品流通企业存在与其他企业不同的成本计算问题,所以为了便于成本计算需要外购或自制许多计算用的表格,如已销商品进销差价计算表、商品盘存汇总表、毛利率计算表等。

(四)电算化建账

账务处理软件系统是会计电算化软件系统的核心模块,商品化的账务处理软件系统通常由系统初始化、记账凭证输入、记账结账、账簿处理、报表处理等部分组成。要使账务处理软件能够正常运行,必须首先完成系统的初始化,也就是建账。

账务处理软件建账是指软件在正式投入使用之前所做的初始设置。在建账之前,会计科目还没有设立,前期各科目的余额和发生额也无法输入,所以建账是账务处理软件正式使用之前必经的首要步骤。系统初始化也是账务处理软件使用中一次性的工作,系统初始化过程中设定的会计科目代码结构及一些参数在结束建账后即无法修改,系统初始化的质量对账务处理软件的质量和工作的效率将产生直接的影响,所以系统初始化设置是非常重要的。实际工作中,有不少会计软件用户因为初始化的不恰当而严重影响了系统的使用效率和质量。

资料来源:http://www.21jsj.com/news_show.php? newsid=437

四、工业企业岗位工作职责

工业企业会计人员岗位一般可分为会计主管、出纳、流动资金核算、固定资产核算、材料核算、工资核算、成本核算、利润核算、往来结算、专项资金核算、总账报表、稽核、综合分析。这些岗位可以一人一岗、一人多岗或一岗多人。各个岗位的职责内容和要求的示例如下。

(一)会计主管岗位

1. 具体领导本单位的财务会计工作

对各项财务会计工作要定期研究、布置、检查、总结。要积极宣传、严格遵守财经纪律和各项规章制度。要把专业核算与群众核算紧密结合起来,不断改进财务会计工作。

2. 组织制定本单位的各项财务会计制度,并督促贯彻执行

制定的各项财务会计制度要贯彻经济核算的原则,便于群众参加管理和核算,有利于提高经济效益。要随时检查各项制度的执行情况,发现违反财经纪律、财务会计制度的,要及时制止和纠正,重大问题应向领导或有关部门报告。要及时总结经验,不断地修订和完善各项财务会计制度。

3. 组织编制本单位的财务成本计划、银行借款计划,并组织实施

财务成本计划和银行借款计划要根据上级下达的控制指标,结合本单位的经济预测和经营决策以及生产、经营、供应、销售、劳动、技术措施等计划,按年、按季、按月进行编制,并将各项计划指标分解下达落实,督促执行。

4. 会同有关部门组织固定资产和流动资金的核定工作

根据生产经营发展和节约资金的要求,组织有关人员,合理核定资金定额,加强对固定资产和流动资金的管理,提高资金使用效果。

5. 负责完成各项上缴任务

对于应该上缴的税金、利润、折旧基金、能源交通重点建设基金等款项,要按照国家规定进行严格审查,督促办理解缴手续,做到按期足额地上缴,不得挤占、挪用、拖欠、截留。

6. 开展财务成本计划完成情况的分析,提高经济效益

按月、按季、按年分析计划的完成情况,找出管理中的漏洞,提出改善经营管理的建议或措施,进一步挖掘增收节支的潜力。

7. 参加生产经营管理会议,参与经营决策

充分运用会计资料,分析经济效果,提供可靠信息,预测经济前景,为领导决策当好参谋助手。

8. 审查或参与拟定经济合同、协议及其他经济文件

对于违反国家法律和规章制度、有损国家利益和集体利益,以及没有资金来源等的经济合同和协议,应拒绝执行,并向本单位领导报告。对重要的经济合同和协议,要积极参与拟定,加强事前监督。

9. 负责向本单位领导和职工代表大会报告财务状况与经营成果,审查对外提供的会计资料

要定期或不定期地向领导和职工代表大会报告各项财务收支盈亏情况,以便领导进行决策,动员群众参加管理。要按照会计制度和上级规定,及时报送会计报表。报出的会计报表和其他会计资料,都要经过认真审查,保证真实可靠。

10. 组织会计人员学习政治理论和业务技术,负责会计人员的考核,参与研究会计人员的任用和调配

要建立学习制度,不断提高会计人员的政治业务水平。定期召开生活会议,开展批评与自我批评,表扬先进,帮助后进。要制定对会计人员的考核办法,按期进行考核,对不适合做会计工作的人员要提出建议,进行调整;对不能胜任会计工作的人员要帮助培养提高,或者另行安排适当的工作。

(二) **出纳岗位**

1. 办理现金收付和银行结算业务

严格按照国家有关现金管理和银行结算制度的规定,根据稽核人员审核签章的收付款凭证进行复核,办理款项收付。对于重大的开支项目,必须经过会计主管人员、总会计师或单位领导审核签章,方可办理。收付款后,要在收付款凭证上签章,并加盖"收讫""付讫"戳记。

库存现金不得超过银行核定的限额,超过部分要及时存入银行。不得以"白条"抵充库存现金,更不得任意挪用现金。

2. 登记现金和银行存款日记账

根据已经办理完毕的收付款凭证,逐笔顺序登记现金和银行存款日记账,并结出余额。现金的账面余额要同实际库存现金核对相符。银行存款的账面余额要及时与银行对账单核对。月末要编制"银行存款余额调节表",使账面余额与对账单上的余额调节相符。对于未达账款,要及时查询。要随时掌握银行存款余额,不准签发空头支票。不准将银行账户出租、出借给任何单位或个人办理结算。出纳人员不得兼管收入、费用、债权、债务账簿的登记工作以及稽核工作和会计档案保管工作。

3. 保管库存现金和各种有价证券

对于现金和各种有价证券,要确保其安全和完整无缺。如有短缺,要负赔偿责任。要保守保险柜密码的秘密,保管好钥匙,不得任意转交他人。

4. 保管有关印章、空白收据和空白支票

出纳人员必须妥善保管印章,严格按照规定用途使用。但签发支票所使用的各种印章,不得全部交由出纳一人保管。对于空白收据和空白支票必须严格管理,专设登记簿登记,认真办理领用注销手续。

(三)流动资金核算岗位

1. 拟定流动资金管理与核算实施办法

要划清各项资金的界限,根据管用结合和资金归口分级管理的要求,拟定流动资金管理与核算实施办法,并组织有关部门贯彻执行。

2. 会同有关部门核定流动资金定额

根据本单位的生产经营计划和上级下达加速资金周转的要求,会同有关部门分别核定各项流动资金定额,并层层落实。

3. 编制流动资金计划和银行借款计划

根据供、产、销等各项计划,按照"以销定产、以产定购、以购定资"的原则,在审核平衡的基础上,按年、按季、按月分别编制流动资金计划和银行借款计划。

4. 负责流动资金调度,组织流动资金供应,考核流动资金使用效果

经常深入有关部门、车间和仓库,了解流动资金占用情况,掌握流动资金动态。定期召开资金调度会议,研究筹措资金的措施,合理供应资金。定期考核各个环节流动资金的占用水平和周转状况,提出挖掘资金潜力的建议,不断加速资金周转。

5. 上缴各种税费款项

应该上缴财政的各种税费等款项,要及时办理解缴手续。

6. 负责流动资金核算,编制流动资金报表

对流动资金的增减变动情况要及时记账,按照规定编制报表,正确反映资金动态。

7. 办理有关流动资金的报批手续

清查盘点中发现的盘盈、盘亏和毁损的流动资产,经过审查核实,按照规定的审批权

限和程序办理审批手续,根据批准文件进行账务处理。

(四) 固定资产核算岗位

1. 会同有关部门拟定固定资产管理与核算实施办法

要正确划分固定资产与低值易耗品的界限,编制固定资产目录,对固定资产进行分类编号,加强管理。

2. 参与核定固定资产需用量,参与编制固定资产更新改造和大修理计划

会同有关部门根据本单位生产经营的需要,认真核定固定资产需用量,并随着生产情况变化进行调整。要经常深入实际,了解固定资产的新旧程度和完好状况,为编好固定资产更新改造和大修理计划提供资料。

3. 负责固定资产的明细核算,编制固定资产报表

对购置、调入、内部转移、租赁、封存、调出的固定资产,要督促有关部门或人员办理会计手续。要根据会计凭证登记固定资产账卡,定期进行核对,做到账、卡、物相符,并按期编报固定资产增减变动情况的会计报表。

4. 计算提取固定资产折旧

根据计提折旧的有关规定,编制折旧计划,按月计提固定资产折旧,不得多提、少提、漏提或重提。

5. 参与固定资产的清查盘点

会同有关部门定期对固定资产轮番盘点,年终进行全面清查。发现盘盈、盘亏和毁损等情况,要查明原因,弄清责任,按规定的审批权限办理报批手续。发现有多余、闲置以及保管、使用、维护不当的固定资产,要及时向领导报告,并提出改进意见。

6. 分析固定资产的使用效果

会同有关部门对固定资产的使用状况进行分析,促进固定资产的合理使用,加强维护保养,挖掘潜力,提高固定资产的利用率。

(五) 材料核算岗位

1. 会同有关部门拟定材料管理与核算实施办法

对于原材料、燃料、包装物、周转材料、委托加工材料等各类材料的收发、领退和保管,都要会同材料管理部门规定手续制度,明确责任。

2. 审查汇编材料采购用款计划,控制材料采购成本

根据生产经营计划、财务成本计划,结合材料库存和供应情况,认真审核材料供应计划和供货合同,并结合核定的资金定额,审查汇编材料采购用款计划,严格执行,防止盲目采购,宽打窄用。对超计划用款,要经过批准。

3. 负责材料的明细核算和有关的往来结算业务

要认真审核各类材料的收发凭证,分别按材料的保管地点、类别、品种、规格登记明细账。

要协助使用部门建立周转材料的领用和报废的登记,以旧换新、损坏赔偿、定期盘点等制度。对出租、出借的包装物,要按规定收取租金和押金。加强对周转材料和包装物的

管理。

对购入的材料,要认真审查发票、账单等结算凭证,及时办理结算手续,核算采购成本和费用,对在途材料要督促清理催收,对已验收入库尚未付款的材料,月终时要估价入账。

4. 配合有关部门制定材料消耗定额

制定的材料消耗定额要先进合理,要随着生产技术条件的改变及时加以修订,促进合理节约地使用材料。

5. 会同有关部门编制材料计划成本目录

采用计划成本进行材料日常核算的单位,要编制材料计划成本目录。材料计划成本要尽可能接近实际。如果材料的实际成本与计划成本相差较大,要及时进行调整。

6. 参与库存材料的清查盘点

要定期、不定期地对材料组织轮番盘点,年终要进行全面清查。对盘盈、盘亏和报废的材料要查明原因,分成不同情况,经过批准后进行处理。

7. 分析材料库存的储备情况

要经常深入仓库了解材料的储备情况,对于超过正常储备和呆滞积压的材料,要分析原因,提出处理意见和建议,督促有关部门处理。对于材料保管不善和挪用库存材料造成损失浪费的,要向领导报告,追查责任。

(六) 工资核算岗位

1. 监督工资的使用

根据批准的工资计划,会同人事部门,严格按照规定掌握工资和各种奖金的支付,分析工资计划的执行情况。对于违反工资政策、超过工资计划,以及不按规定滥发津贴、奖金的,要予以制止,或向领导和有关部门报告。

2. 审核发放工资、奖金

根据实有职工人数、工资等级和工资标准,审核工资计算表,办理代扣款项,计算实发工资。根据规定审查奖金计算表,按照车间和部门归类,编制工资、奖金汇总表,填制记账凭证,经审核后,由银行代发或会同出纳人员提取现金,组织发放。发放的工资和奖金必须由领款人签名或盖章。发放完毕,要及时收回工资、奖金计算表,装订成册,注明记账凭证编号,妥善保管。

3. 负责工资分配的核算

根据工资支付对象和成本核算的要求,编制工资分配表,填制记账凭证,并向有关核算岗位提供工资分配的明细资料。

4. 负责工资的明细核算

根据工资总额的组成、支付工资的资金来源和有关凭证进行工资、奖金的明细核算。

5. 计提工会经费

根据国家规定正确计算应提取的工会经费,并进行账务处理。

（七）成本核算岗位

1. 拟定成本核算办法

根据国家发布的成本核算的有关规定，结合本单位生产经营的特点和管理的需要，拟定本单位的成本核算办法。

2. 编制成本、费用计划

根据本单位的生产经营计划和国家下达的成本降低任务，结合本单位的实际情况，挖掘降低成本、费用的潜力，编制成本、费用计划，并按年、按季、按月将指标分解，层层落实，实行归口分级管理，组织成本、费用计划的实现。

3. 加强成本管理的基础工作

积极会同有关部门，建立健全各项原始记录、定额管理和计量检验等制度，为正确计算成本、加强成本管理提供可靠的依据。

4. 核算产品成本

严格按照成本核算办法的规定，正确归集、分配生产费用。根据实际产量、实际消耗的材料、人工、费用计算产品的实际成本。采用计划成本、定额成本进行日常核算的，应正确计算成本差异，并应按照规定办法按月调整为实际成本，不得以计划成本、估计成本、定额成本代替实际成本。要划清本期产品成本和下期产品成本的界限，不得任意待摊和预提费用。要划清在产品成本和产成品成本的界限，不得任意压低或提高在产品成本。要划清可比产品成本和不可比产品成本的界限，不得虚报可比产品成本降低额。凡是规定不准列入成本的开支，都不得计入产品成本。按照规定的成本、费用项目和成本核算对象，登记成本、费用明细账。

5. 编制成本、费用报表，进行成本、费用的分析和考核

根据账簿记录，成本计划和上年的成本、费用等有关资料，按照规定编制各种成本、费用报表，并分析成本、费用计划的执行情况和升降的原因，预测成本发展趋势，对照同行业的成本、费用资料，提出降低成本、费用的途径和加强成本管理的建议。

6. 协助管理在产品和自制半成品

协助有关部门建立在产品台账和半成品登记簿，在产品的内部转移和半成品的出库入库，都要认真登记。对在产品和自制半成品要定期盘点，做到账实相符。

7. 开展部门、车间和班组经济核算

根据分解下达的成本、费用计划指标，层层落实到班组或个人，采取多种形式，开展部门、车间、班组的群众性经济核算，贯彻经济责任制。

8. 负责控制社会集团购买力的审查报批和登记工作

（八）利润核算岗位

1. 编制利润计划

根据管理层下达的利润控制指标和销售计划、成本计划等有关资料，按年、按季、按月编制利润计划，并落实到有关部门，经常督促检查，保证计划的实现。

2. 办理销售款项的结算业务

认真审查销售业务的有关凭证,严格按照合同、国家规定或国家政策允许的价格和银行结算制度,及时办理销售款项的结算,催收销售货款。发生销售纠纷、货款被拒付时,要通知有关部门及时处理。

3. 负责销售和利润的明细核算

根据销售发票等有关凭证,正确计算销售收入、成本、费用、税金和利润以及其他各项收支,按规定计算利润分配,计算应交税费,登记有关明细账。要经常核对库存商品的账面余额和实际库存数,核对销货往来明细账,做到账实、账账相符。

4. 编制利润报表,进行利润的分析和考核

根据账簿记录和有关资料,编制有关的利润报表。分析考核利润计划的执行情况,找出偏离计划的原因,预测市场销售情况和增加利润的前景,提出扩大销售、增收节支和增加利润的建议与措施。

5. 协助有关部门对产成品进行清查盘点

要建立健全产成品的出入库和保管制度。要经常深入仓库,协助有关部门对库存产品平时进行轮番盘点,年终进行全面清查。对产成品的盘盈、盘亏和报废,要认真核实,按照批准权限和审批程序办理报批手续,进行账务处理。

(九) 往来结算岗位

1. 建立往来款项的清算手续制度

对购销业务以外的暂收、暂付、应收、应付、备用金等往来款项,要建立必要的清算手续制度,加强管理,及时清算。

2. 办理往来款项的结算业务

对购销业务以外的各种应收暂付款项要及时催收结算,应付暂收款项要抓紧清偿。对确实无法收回的应收款项和无法支付的应付款项,应查明原因,按照规定报经批准后处理。实行备用金制度的单位要核定备用金定额,及时办理领用和报销手续,加强管理。对预借的差旅费要督促及时办理报销手续,收回余额,不得拖欠,不准挪用。要按照规定的开支标准严格审查有关支出。

3. 负责往来结算的明细核算

对购销业务以外的各项往来款项,要按照单位和个人分户设置明细账,根据审核后的记账凭证逐笔顺序登记,并经常核对余额。年终要抄列清单,并向领导或有关部门报告。

(十) 专项资金核算岗位

1. 拟定专项资金管理制度

会同有关部门按照规定分别拟定更新改造、大修理、新产品开发等各种专项资金的提存、使用和管理的具体办法。

2. 参与专项工程项目的研究,编制专项资金收支计划

对资金来源不落实、没有经济效益和违反审批程序的工程项目,不得列入计划。要根据批准的专项工程项目和有关资料,编制各项专项资金收支计划,并落实到有关部门归口管理。

3. 负责专项资金的明细核算

对各种专项资金,要分别按资金来源和支出的不同用途进行明细核算。各种专项资金的往来款项要定期对账,随时清算。专项物资和专项存款的账面余额要分别与实物和银行对账单核对。要正确核算专项工程成本,进行账务处理。

4. 编制专项资金报表,分析考核专项资金的使用效果

定期编制专项资金报表,正确反映各项专用基金、专用拨款、专用借款的资金来源、运用和结余情况,以及各项专项工程的支出和完工情况。工程竣工后,参与竣工验收,办理好决算。经常深入实际,了解专项资金收支计划的执行情况,分析考核专项资金的经济效益,并督促处理遗留问题。

(十一) 总账报表岗位

1. 登记总账

根据规定的会计科目,设置总账账户。按照采用的会计核算形式及时记账。月份终了,要编制总账科目余额表试算平衡,并与有关明细账核对,保证账账相符。

2. 编制资金平衡表,核对其他会计报表

每月终了,要根据总账和有关明细账的记录,编制资金平衡表,并与其他会计报表相互核对,有对应关系的数字必须保持一致。核对无误后,将各种会计报表连同财务情况说明书,加装封面,装订成册,提交领导审核签名或盖章,及时报出。

3. 管理会计凭证和账表

对各个岗位记账凭证的编号、整理、装订,提出规范化的要求,月份终了,要整理各个岗位的会计凭证和资料,集中保管。年终办完决算后,应将全年的会计资料收集齐全,整理清楚、分类排列,以便查阅。需要归档的会计资料,应按有关规定及时归档。

(十二) 稽核岗位

1. 审查财务成本计划

按照上级规定的要求,审查各项计划指标的计算是否正确,指标之间是否衔接平衡,计划是否切实可行。发现问题,要提出修改的意见和建议。

2. 审查各项财务收支

根据财务收支计划和财务会计制度,逐笔审核各项收支,对计划外或不符合规定的收支应提出意见,并向领导汇报,采取措施,进行处理。

3. 复核会计凭证和账表

复核凭证是否合法,内容是否真实,手续是否完备,数字是否正确。对于记账凭证,还要复核其记账分录是否符合制度规定。对账簿记录要进行抽查,是否符合记账要求。复核各种会计报表是否符合制度规定的编报要求。复核中发现问题和差错,应通知有关人员查明、更正和处理。稽核人员要对审核签署的凭证、账簿和报表负责。

(十三) 综合分析岗位

1. 综合分析财务状况和经营成果

收集、整理本单位和同行业的有关会计资料,定期、不定期地进行综合分析和专题分

析。针对影响财务状况的重大问题,会同有关人员深入实际调查研究,找出存在问题的原因,提出改进经营管理的措施和建议。

2. 编写财务情况说明书

根据制度规定,按季、按年编写财务情况说明书,说明报告期内的财务收支情况和生产经营成果,连同会计报表一并上报。年度财务情况说明书要全面详细,季度财务情况说明书要有重点地作扼要说明。月份中间如有重大问题,也应在月报中附送简要说明。

3. 进行财务预测,提供经营决策资料

根据综合分析、专题分析的资料和有关的经济信息,进行财务预测;对专项工程项目和新产品开发项目,应会同有关部门进行技术经济论证和可行性研究,向领导提供经营决策资料。

凡获得助理会计师以上技术职称的会计人员,除履行所在岗位的职责外,还应充分发挥技术专长:一是提供会计业务技术指导,解决业务技术中的疑难问题;二是协助拟定、审查有关财务会计制度办法,研究推广现代化的管理方法和计算技术;三是针对本单位经营管理中的问题,向领导提出意见和建议;四是向会计人员传授会计专业知识,帮助会计人员提高业务技术水平;五是参与会计人员技术职称的评议。

《会计基础工作规范》第十三条规定:"会计人员的工作岗位应当有计划地进行轮换。"通过会计工作岗位的轮换,在会计工作交接中,会计人员首先要交换以前的岗位职责,同时接受新的岗位职责。由于会计的连续性,接管会计人员会在今后的工作中发现移交人员的舞弊行为,让想钻会计内部空子的人无机可乘,在一定程度上防止了贪污腐化行为;通过会计工作的轮换,每个会计人员都有机会熟悉本单位所有的会计业务,在具体负责人员不在时可以协助处理该岗位的会计业务,既增进了会计人员的相互协作,又确保了会计资料的及时性;通过会计工作岗位的轮换,促使会计人员通过各种岗位的实践认识自己的不足。会计人员每接触一个会计岗位,都需要掌握该岗位的会计业务处理方法和技能,从而调动学习的积极性,不断学习新的会计知识,不断提高自身的业务素质。

五、加强高职学生会计职业判断能力的培养

会计职业判断能力是《企业会计准则》的要求,是会计人员必须具备的基本素质。2019年颁布的新会计准则是我国国情与国际趋同相协调的结果。研究表明,会计准则的执行比会计准则本身更为重要。会计准则的执行机制依赖较大的主观判断,加之会计准则的原则导向日益明显,大大凸显了会计职业判断在会计准则执行中的重要地位。培养会计人才的高职院校如何使学生尽快适应新准则的变化、适应工作环境、加强对会计专业学生职业判断能力的培养显得尤为重要。因此,从学生时代开始,就注重培养会计人员的职业判断能力,既能起到授之以渔的效果,又能使会计人员走上会计工作岗位后尽快找到理论与实务的契合点。

高职会计教育中学生职业判断能力的培养贯穿于高职会计教育的全过程。针对未来会计市场中、高层次会计人员需求增加的状况,高职会计教育应以就业为导向,以职业能

力、行业和岗位需求为人才培养目标,更新教育理念,改革教学体系,大胆创新,勇于探索,把对学生会计职业判断能力的培养引入日常教学,通过相关课程设置和教学内容的设计,传授会计职业判断理论与实务,培养学生的沟通能力和创造性思维能力,培养学生的职业判断技能,能从一堆分散的数据资料中通过筛选、归类、分析和判断解决新问题,适应人才市场的需求,以提高会计专业毕业生的培养质量。

　　会计职业判断能力培养的重点在"财务会计实务"这门课程的学习中。它是会计专业的核心课程,是会计知识最丰富、理论知识和实务知识结合最紧密、运用职业判断最多的课程,是培养学生会计职业判断能力的切入点和重点。然而,职业判断能力的培养绝不是单靠某门课程的讲授就能完成的,应成为所有相关课程尤其是专业课程计划的"组成部分",需要学校各部门的联合行动,甚至需要社会大环境的支持,它本身是一项具有特定目的的系统工程。

　　当然,培养学生未来成为一个会计专业人员应有的素质,会计职业判断能力的培养不是一蹴而就的,需要学生在今后的实际工作中不断加深对会计理论的理解,积累会计工作经验。

A篇 财务会计实训资料

公司概况

大宇轴承有限责任公司是增值税一般纳税人,增值税税率为13%,有关情况如下。

法 定 代 表 人：吴昊瑞
行 政 经 理：吴宝亮
总经理兼销售经理：江建
财 务 经 理：陈宇
采 购 经 理：赵昀
会　　　　　计：张雨
生 产 经 理：李达
出　　　　　纳：王琳
开 户 银 行：工商银行滨江高新支行
账　　　　　号：56011702346
统一社会信用代码：913300011678603318
联 系 电 话：87321230
公 司 地 址：浙江省滨江市高新路202号
经 营 范 围：机械配件、五金工具、轴承、进口轴承
注 册 资 金：6 000 000元

任务A-1 货币资金实训

一、能力目标

1. 能识记现金管理的基本内容、银行结算方式的有关规定、银行结算原则和结算纪律。
2. 熟悉出纳岗位职责,熟悉企业在日常经营中所涉及的银行业务方面的支票填写方

法及相关的办理过程,熟练进行企业货币资金实务的会计处理。

3. 能运用会计基本理论解释货币资金信息生成过程。

4. 能解决货币资金会计处理过程中的常见问题。

5. 能初步具有良好的会计职业道德。

6. 能严格按照《企业会计准则》等政策法规要求规范操作。

二、任务描述

1. 设置现金日记账、银行存款日记账,登记期初余额。

2. 设置现金总账、银行存款总账,登记期初余额。

3. 根据经济业务填制有关的结算凭证。

4. 根据实训资料中的原始凭证,填制记账凭证,并将原始单据附后。

5. 根据记账凭证及原始凭证逐日逐笔登记现金日记账和银行存款日记账,按日结计日记账余额,月末结账,根据记账凭证登记总账。

6. 根据银行存款日记账和银行对账单进行核对,编制银行存款余额调节表。

三、实训资料

2×21年4月,大宇轴承有限责任公司的银行存款期初余额为3 005 938元,库存现金期初余额为2 300元。2×21年4月,公司发生下列相关经济业务。(当月取得的增值税专用发票均于当月确认)

(1) 3日,开出现金支票,从银行提取现金1 000元。(原始凭证见表B-1-1)

(2) 5日,采购员张苹出差到天津购买材料,预借差旅费1 800元,以现金支付。(原始凭证见表B-1-2)

(3) 6日,厂部管理人员孙云参加市内业务会议,报销交通费30元。(原始凭证见表B-1-3)

(4) 10日,采购员张苹向顺达金属制品有限责任公司购买轴承钢,通过银行电汇支付材料款共67 800元,其中材料价款60 000元,增值税税款7 800元。材料尚未收到。轴承钢属于原料及主要材料,按计划成本法核算。(原始凭证见表B-1-4 $\frac{1}{2}$ 和表B-1-4 $\frac{2}{2}$)

(5) 15日,从华浙商厦有限责任公司购买A4纸2 536元,签发转账支票。(原始凭证见表B-1-5 $\frac{1}{2}$ 和表B-1-5 $\frac{2}{2}$)

(6) 19日,向工商银行申请银行汇票,收款人为上海长顺铜制品有限责任公司,金额为90 400元。(原始凭证见表B-1-6)

(7) 23日,银行转来委托收款结算收账通知,收到湖南机械有限责任公司支付的货款22 600元。(原始凭证见表B-1-7)

(8) 24日,开出现金支票548 910元,从银行提取现金,备发工资。(原始凭证见

表 B-1-8）

（9）25 日，采购员持银行汇票采购电解铜，材料价款 80 000 元，增值税税款 10 400 元。电解铜属于原料及主要材料，按计划成本法核算。（原始凭证见表 B-1-9）

（10）26 日，以现金 548 910 元，支付职工工资。（原始凭证见表 B-1-10）

（11）27 日，采购员张苹报销差旅费 1 700 元，余款退回。（原始凭证见表 B-1-11 $\frac{1}{2}$ 和表 B-1-11 $\frac{2}{2}$）

（12）29 日，银行转来滨江市自来水公司委托收款付款通知和有关凭证，支付水费 710 元。（原始凭证见表 B-1-12 $\frac{1}{3}$～表 B-1-12 $\frac{3}{3}$）

（13）30 日，盘点现金，现金短款 10 元。（原始凭证见表 B-1-13 $\frac{1}{2}$ 和表 B-1-13 $\frac{2}{2}$）

（14）5 月 4 日，到银行打印对账单（4 月 30 日 6 050 元为支付电话费；4 月 30 日 1 000 元为退押金）。（原始凭证见表 B-1-14 $\frac{1}{2}$ 和表 B-1-14 $\frac{2}{2}$）

四、职业判断

【案例一】 上海某研究所采用了银行提供的"代理转账"方式发放工资，由银行直接将工资款项划入职工的个人账户。其工资核算员黄某负责从工资中扣除社保基金并根据扣除后的金额从出纳处取得转账支票到银行办理工资支付。黄某就利用该研究所工资发放中款项的支付无须收款人签字的漏洞，篡改工资数据，采用虚设人员、多记工资的办法，将企业资产据为己有。黄某先后 30 余次利用该方法将 225 余万元的公款划入自己的腰包。

【案例二】 某基金委出纳卞某利用基金委掌管的科学研究专项资金拨款权，采用谎称支票作废、偷盖印鉴、削减拨款金额、伪造银行进账单和退回重拨、编造银行对账单等手段贪污、挪用公款人民币两亿余元，给国家造成了重大损失。

【案例三】 A 公司在某银行某分行 2.933 7 亿元巨额存款失窃。调查人员在清查账户时发现，该分行行长高某从 2×21 年年初便开始利用公司多头开户及该企业委托银行代理跑单（银行代理跑单是指由银行派业务员协助单位办理日常转账等收付款业务，如提取和解缴现金、传送银行结算凭证等）之便对该企业存款动手脚。当企业资金存入银行时，高某就利用职务之便，一方面采用"背书转让"等形式将企业资金转移到自己可以支配的账户中；另一方面通过给该公司开具假存单、假对账单等方式掩盖其犯罪事实。现涉案人员已携款潜逃。

依据及相关法规：
1.《内部会计控制规范——货币资金（试行）》
2.《人民币银行结算账户管理办法》

案例思考：

1. 案例一中实行的由银行代理转账发放工资，是单位普遍采取的方法，该种方法有何利弊？试结合案例一的情况，分析如何才能既充分利用银行的服务手段，又能有效地保证企业资金的安全。

2. 案例二中某基金委对货币资金控制有何明显缺陷？应采取什么措施才能有效地防止类似事件的发生？

3. 案例三中该公司有何违规行为？委托银行代理跑单的服务是否可以采用？如果采用，应如何有效地实施控制？

讨论与分析：

1. 随着现代技术的发展，银行往往会向客户提供"代理转账发放工资"的服务项目。这项服务使企业不再需要每月从银行提现，再分发工资给个人。这样，一方面提高了企业的工作效率；另一方面也保证了现金的安全。但是其在给企业和员工带来极大方便的同时，也引发了新的问题，即采用转账方式发放工资，有些单位在支付时往往省略了收款人签字的环节，这一环节的缺失给办理工资的核算员虚设员工、冒领工资提供了便利。要防范上述情况的发生，关键是严格执行资金支付的申请审批手续，如果人事部门或其他相关部门在制作工资单后，对实际应支付的工资进行复核和签字确认，再由企业出纳人员根据签字确认后的工资总额开具转账支付凭证，就可以有效地防止这种舞弊行为的发生。另外，还应当充分考虑电子信息技术对内部控制程序的影响，如果公司是以计算机盘片的形式存储工资单，则应考虑采用电子签名来解决审核签字的问题，或采用加密技术来避免篡改数据问题的产生。如果无法采用与数据处理相一致的电子技术解决上述问题，就必须坚持手工复核审批。

在案例一中，如果该研究所规定黄某在进行从员工工资中扣除社保基金后，还必须将扣除社保基金后的工资单打印并交由原工资单制作部门，由相应的负责人签字确认，再由黄某凭确认后的工资单办理转账支付，就可以有效地防止黄某侵占资金的行为。另外，如果是计算机盘片存储传递，则可考虑由原工资单制作部门对人员名单及社保基金扣款前的工资进行加密的防篡改设定，使黄某只能对盘片中已有的人员进行社保基金扣款，不能虚设人员、多记工资，也可以达到较好的防范效果。

2. 在案例二中某基金委的货币资金控制明显存在支票及印鉴保管不严、支付申请审批制度执行不力，以及不相容职务未分割等漏洞。

可以采取以下措施加以防范。

（1）加强印鉴和结算单据的存放和使用管理。相关人员使用印鉴和结算单据，理应通过必要的程序和授权。然而，很多单位出于工作方便考虑，将结算凭证和相关印鉴同时置于工作人员伸手可及之处。这样的管理方式固然提高了工作效率，却对货币资金的安全留下了极大的隐患。通常，企业在签发银行结算凭证时需要加盖两枚或两枚以上预留银行印鉴，以达到相互牵制的目的。但有些单位为贪图便利，片面追求效率，在营业期间，往往把不同印鉴交给同一个工作人员保管，甚至置于财务部办公桌上，方便大家取用。这种管理印鉴的方法会使企业的内部控制被削弱或是削减，为舞弊行为大开方便之门。

（2）严格复核货币资金支付的落实情况。企业在进行货币资金的结算支付后，应当尽量取得对方单位开出的收款收据，必要时还可以安排财务人员对资金支付的落实情况进行定期或不定期的复核。上述案例二出现的"退回重拨"行为,如果某基金委不是采用"以拨代收"的方式,不是仅以银行回单的方式确认款项的支付,而是以收款单位开出的收款凭证以及银行回单两者同时来确认支付,则会大大减少舞弊的可能性。

(3)严格职责分工,由出纳以外的人取得银行对账单。定期获取真实可靠的银行对账单可以使企业及时发现问题,甚至能有效地防止舞弊的发生。从控制原则上来说,银行对账单一般应由出纳以外的人员获取,取得时要求开户行在每页上加盖业务专用章,通过履行确认手续,可以防止内外部人员抽换作弊。在获得银行确认的对账单后,企业会计主管人员必须至少每月一次亲自核实银行存款余额的正确性和未达账项的真实性,对于未达账项应当及时查明原因并督办清理。上述案例二中,如果由卞某以外的人取得银行对账单,就不会出现其在收到退回款项时不据实交回单位,而利用伪造银行对账单进行资金舞弊的情况。

3. 在案例三中,该公司违反我国《人民币银行结算账户管理办法》的规定,进行多头开户。在我国,银行体系除了承担资金结算功能以外,还负有重要的资金监管职能。然而,现实情况是,目前有些银行本身就存在很多不规范的市场操作行为。为了争资金、拉客户,有的银行默许甚至纵容企业进行一些违规操作,如开立不符合银行账户管理规定的账户。这种现象的存在给企业或个人利用多头开户截流公款创造了条件。应严格限制企业开设多头账户。通常,开设的银行账户越多,管理风险和成本相应越大。从表面看,开设多头账户方便结算,实质上却增加了安全隐患。单位财务负责人必须经常检查账户使用情况,及时清理静态账户,归并多余账户,不要随意增设账户,同时对账户内的存量资金及大额资金流向进行检查和控制。

银行代理业务在一定程度上方便了客户,降低了单位财务运行成本,但同时也会带来诸多管理控制上的隐患。企业应当采取一些措施,在有效利用该服务的同时,防止出现危害企业货币资金安全的问题。例如,一方面,企业可以在接受银行"代理跑单"服务的同时,每月不定期安排本单位出纳人员到银行柜台亲自办理业务。对于大额的现金收支业务,企业则应当尽量安排由本单位人员亲自操作,或即使由银行业务员代理,也应当在事前或事后与银行及时联系,适时查询并核实企业交易资金的落实情况。另一方面,企业可以利用现代化媒体手段,开通网上银行业务或电话银行业务,通过先进的科技手段及时查询并掌握企业的资金交易记录和余额情况。查询的密码可以考虑由会计主管和出纳两人掌握,使两人均可以随时查询近期的余额和交易记录,形成会计主管、出纳和银行三方牵制。另外,企业还应坚持由专人获得银行对账单,及时进行账目核对。

任务 A-2 应收及预付款项实训

一、能力目标

1. 能识记应收票据、应收账款、预付账款和其他应收款实务会计处理的有关规定。
2. 熟悉往来款项岗位职责,能运用所学知识根据原始凭证分析经济业务,并熟练地进行企业往来业务实务的会计处理。
3. 能运用会计基本理论知识解释应收及预付款项信息的生成过程。
4. 能解决应收及预付款项会计处理过程中的常见问题。
5. 能初步具有相应的会计职业判断意识。
6. 能严格按照《企业会计准则》等政策法规要求规范操作。

二、任务描述

1. 设置应收账款、其他应收款、坏账准备总账及明细账,登记期初余额。
2. 根据经济业务填制有关的原始凭证。
3. 根据实训资料中的原始凭证,填制记账凭证,并将原始单据附于后面。
4. 根据应收账款、其他应收款期末余额,月末计提坏账准备,并编制记账凭证。
5. 根据记账凭证及原始凭证登记应收账款、其他应收款、坏账准备明细账,根据记账凭证登记应收账款、其他应收款、坏账准备总账。
6. 月末,核对总账、明细账金额是否一致,如不一致,查明原因,进行更正。

三、实训资料

大宇轴承有限责任公司按月估计应收款项减值损失,计提减值准备。坏账准备计提方法为余额百分比法,以月末应收账款和其他应收款账面余额为基数,按历史损失率5%估计资产减值损失。2×21年5月1日,大宇轴承有限责任公司有关余额资料如表 A-2-1 所示。

表 A-2-1　　　　　　　　　账户余额表　　　　　　　　　单位:元

账　户	借/贷	月初余额
应收账款	借	285 000
——湖南机械有限责任公司	借	0
——滨江佳通汽车有限责任公司	借	65 000
——安徽申通汽配有限责任公司	借	205 000
——长城贸易有限责任公司	借	10 000
——滨江商贸城	借	5 000
其他应收款	借	13 500
——滨江八方汽车租赁有限责任公司	借	10 000
——备用金	借	2 000
——王丽红	借	1 500
坏账准备	贷	14 925
——应收账款	贷	14 250
——其他应收款	贷	675

2×21年5月,大宇轴承有限责任公司发生下列相关经济业务。(当月取得的增值税专用发票均于当月勾选确认)

(1) 3日,向湖南机械有限责任公司销售产品一批,价款90 000元,增值税11 700元,采用托收承付结算方式结算。产品发运时,以转账支票支付代垫运杂费2 000.15元,已向银行办妥托收手续。(原始凭证见表B-2-1 $\frac{1}{4}$～表B-2-1 $\frac{4}{4}$)

(2) 5日,上月应收滨江佳通汽车有限责任公司货款65 000元,经协商改用商业汇票结算。已收到滨江佳通汽车有限责任公司交来的一张20×1年5月1日签发的,20×1年10月31日到期的为期6个月的商业承兑汇票,票面价值为65 000元。(原始凭证见表B-2-2)

注:滨江佳通汽车有限责任公司开户行及账号是滨江惠民路支行(56034612145)。

(3) 6日,向滨江佳通汽车有限责任公司销售产品一批,价款100 000元,增值税为13 000元,付款条件为2/10,1/20,n/30。根据销售合同约定,按照应收总额计算现金折扣。(原始凭证见表B-2-3)

(4) 15日,接银行通知,5月3日销售湖南机械有限责任公司的货款已收妥入账。(原始凭证见表B-2-4)

(5) 15日,滨江佳通汽车有限责任公司交来转账支票一张,支付5月6日采购货款,出纳王琳持支票到银行办理了进账手续。(原始凭证见表B-2-5)

(6) 16日,向顺达金属制品有限责任公司采购材料,开出转账支票一张,预付材料款40 000元。(原始凭证见表B-2-6)

(7) 25日,收到顺达金属制品有限责任公司材料及有关结算单据,材料价款为84 000元,增值税为10 920元,材料尚未收到。同时开出转账支票一张,补付材料款57 440元。(原始凭证见表B-2-7 $\frac{1}{2}$ 和表B-2-7 $\frac{2}{2}$)

(8) 27日,公司向滨江八方汽车租赁有限责任公司租入小汽车两辆,以汇兑方式向出租方支付押金10 000元。(原始凭证见表B-2-8 $\frac{1}{2}$ 和表B-2-8 $\frac{2}{2}$)

(9) 31日,核销应收滨江商贸城货款5 000元。(原始凭证见表B-2-9 $\frac{1}{2}$ 和表B-2-9 $\frac{2}{2}$)

(10) 31日,根据公司坏账准备计提政策计提坏账准备。(原始凭证见表B-2-10)

四、职业判断

2×21年12月27日,M公司发布"2×21年度预亏提示性公告",其中提到"美国进口商E公司由于涉及专利费、对中国反倾销等因素出现了较大亏损,全额支付公司欠款存在较大困难。公司对突如其来的反倾销、其他外国公司征收高额专利费的影响以及对E公司的应收账款可能会因前述影响产生的风险难以估计,据此,公司董事会决定按更为谨慎的个别认定法对该项应收账款计提坏账准备,按会计估计变更进行相应的会计处理。截至2×21年12月25日,公司应收E公司账款余额463 814 980.60美元,根据对E公司现有资产的估算,公司对E公司应收账款可能收回的金额在1.5亿美元以上,预计最大计提金额有3.1亿美元左右"。同时又提到"由于E公司的应收账款的重点回款期在年底这一现实情况,导致公司没有在2×21年中期及第三季度(第三季度季报在2×21年10月29日公告)对该项应收账款按更为谨慎的个别认定法计提坏账准备"。

2×22年4月12日,M公司在2×21年年报中披露,对E公司的欠款按个别认定法计提坏账准备的金额为313 814 980.60美元,折合人民币2 597 289 686.94元。2×21年度M公司合并报表主营业务利润1 633 720 341.52元,净利润为亏损3 681 120 380.21元。

2×17—2×21年度M公司净利润情况如表A-2-2所示。

表A-2-2　　　　　　　　M公司净利润情况表　　　　　　　　单位:元

年　度	净利润
2×21	−3 681 120 380.21
2×20	205 738 036.39
2×19	176 202 704.06
2×18	84 028 013.73
2×17	115 950 200.80

M公司历年来计提坏账准备的政策如表A-2-3所示。

表A-2-3　　　　　　　　M公司计提坏账准备比例表

账　龄	计提比例(%)
1年以内	0.00
1～2年	10.00
2～3年	30.00
3～4年	50.00
4～5年	80.00
5年以上	100.00

根据M公司披露的2×21年度年报,其与E公司的往来情况如表A-2-4所示。

表A-2-4　　　　　　　　M公司与E公司的往来情况表　　　　　　　　单位:美元

年　度	销　售	收　款	余　额
2×18			41 842 483.00
2×19	610 949 126.11	190 074 801.70	462 716 807.41
2×20	424 424 014.62	349 896 993.47	537 243 828.56
2×21	35 599 676.81	109 028 524.77	463 814 980.60

M公司从2×18年开始到2×21年,每年的应收账款都有较大幅度的上升,历年年报、中报披露如下。

2×17年年报中尚未披露E公司的应收账款。

2×18年年报中披露:"应收账款2×18年年末余额较2×17年年末余额上升58.27%,主要是本期出口采用信用证结算,信用证尚未到期,以及改变营销政策加大信用销售力度所致。"

2×19年年报中披露："应收账款 2×19 年年末余额较 2×18 年年末余额上升 46.51%，主要是本年度国外应收账款大幅上升所致。"另外，"截至 2×20 年 3 月 10 日，已收回 E 公司货款 89 063 561.90 美元，另有 101 994 595.00 美元的票据正在托收过程中"。而在 2×19 年中报中披露："应收账款增加，是由于出口销售采用第三方保理信用销售方式，收款一般延后 6~9 个月。"

2×20年年报中披露："应收账款 2×20 年年末余额较上年年末余额上升 20.36%，主要是由于本年度国外购货商如 E 公司等应收账款增加所致。"另外，"截至 2×21 年 3 月 23 日，已收回应收账款前五名公司货款计 98 684 957.17 美元……其中收回 E 公司货款 66 063 881.12 美元。"

依据及相关法规：

1.《企业会计准则——金融工具确认和计量》
2.《企业会计准则——收入》

案例思考：

从 2×21 年年报 M 公司针对 E 公司的应收账款计提个别认定的坏账准备来看，显然未能满足"与交易相关的经济利益很有可能流入企业"这一收入确认的前提。当然，我们不能以现在时点的事实就认为 M 公司从 2×18 年开始对 E 公司的销售的确认就有问题。问题是：M 公司是否可能（或应该）早就知道全额收回 E 公司的应收账款是不可能的，如果是知道的，那为什么在 2×21 年之前，对 E 公司的销售收入不采取其他的会计处理？

讨论与分析：

M 公司在 2×21 年 10 月 29 日披露的 2×21 年第三季度季报中，未提及 E 公司应收账款的回收问题，但在 60 天不到的时间里，3.1 亿美元的应收账款就收不到了，未免变化太大也太快了。

2×19—2×21 年 M 公司对 E 公司共出口了 10.7 亿美元商品，最终有 3.1 亿美元无法收到，占最近 3 年对 E 公司销售额的 28.97%。

公司解释说："由于 E 公司的应收账款的重点回款期在年底这一现实情况，导致了公司没有在 2×21 年中期及第三季度对该项应收账款按更为谨慎的个别认定法计提坏账准备。"

但事实是，"截至 2×20 年 3 月 10 日，已收回 E 公司货款 89 063 561.90 美元，另有 101 994 595.00 美元的票据正在托收过程中。"也就是说，2×20 年度收回 E 公司应收账款 349 896 993.47 美元，其中有 191 058 156.90 美元在 2×20 年 3 月 10 日前已经收到或将要收到，占当年度回款的 54.60%。另外，2×21 年度收回 E 公司应收账款 109 028 524.77 美元，其中有 66 063 881.12 美元是在 2×21 年 3 月 23 日前收到的，占当年度回款的 60.59%。

这和公司解释"E 公司的应收账款的重点回款期在年底这一现实情况"不符。

M 公司的外销政策从 2×18 年开始采用信用证结算到 2×19 年采用第三方保理信用销售方式，收款一般延后 6~9 个月，从 2×20 年开始不再披露出口销售的方式，显然 M 公司自己也认识到了对 E 公司出口销售的回款遇到了问题。

而一般企业的出口销售大多采用信用证及托收的方式进行结算，账龄很少有超过 1 年的，而 M 公司对 E 公司的应收账款，账龄 1 年以内的余额为 35 599 676.81 美元，账龄

1~2年的为424 424 014.62美元,账龄2~3年的为3 791 289.17美元。

E公司也是中间商,它需要把商品卖给一些大型超市,等到E公司收到钱后,再付钱给M公司,这势必导致M公司的账龄较长。我们认为M公司卖商品给E公司的行为本质上是属于代销方式,不能在商品发出时就确认为收入,商品发出时只能作为移库处理。

据调查,E公司在一些超市卖的商品,甚至低于E公司的进价。而M公司最近3年来对E公司有10多亿美元的销售,且信用期限这么长,M公司早就应该对E公司的运作方式进行调查。这也是M公司在2×21年之前对E公司的销售收入不采取任何会计处理的关键所在。

任务 A-3 原材料采用实际成本核算实训

一、能力目标

1. 能识记《企业会计准则——存货》等存货实务会计处理的有关规定。
2. 熟悉材料物资核算岗位和库存商品核算岗位的职责,运用所学知识根据原始凭证分析经济业务,熟练进行原材料实际成本下的会计处理。
3. 能运用会计基本理论知识解释存货信息生成过程。
4. 能解决存货会计处理过程中的常见问题。
5. 能初步具有相应的会计职业判断意识。
6. 能严格按照《企业会计准则》等政策法规要求规范操作。

二、任务描述

1. 设置"原材料——辅助材料""在途物资——辅助材料"二级明细账、三级明细账,登记期初余额。
2. 根据经济业务填制有关原始凭证。
3. 根据实训资料中的原始凭证,填制记账凭证,并将原始单据附于后面。
4. 根据记账凭证及原始凭证登记"原材料""在途物资"二级明细账、三级明细账。
5. 月末,核对"原材料""在途物资"二级明细账和三级明细账期末余额,如不一致,查找原因,进行更正。

三、实训资料

大宇轴承有限责任公司对辅助材料采用实际成本法核算,发出材料成本采用月末一次加权平均法。2×21年3月1日,公司有关账户余额资料如表A-3-1所示。

表 A-3-1　　　　　　　　　　　账户余额表　　　　　　　　　　　单位：元

总账账户	二级明细账	三级明细账	数　量	单　价	余　额
原材料	辅助材料	轴承专用脂JYX-8	120千克	93.00	11 160.00
原材料	辅助材料	轴承专用脂JYX-11	145千克	138.00	20 010.00
原材料	辅助材料	轴承专用脂JYX-13	62千克	173.00	10 726.00
原材料	辅助材料	高温油脂	5桶	1 400.00	7 000.00
原材料	辅助材料	煤油	450千克	6.00	2 700.00
在途物资	辅助材料	轴承专用脂JYX-8	30千克	95.00	2 850.00
应付票据	银行承兑汇票	富阳润滑油科技有限责任公司			25 000.00
应付账款	滨江艾森润滑材料有限责任公司				10 400.00
应付账款	嵊州信达润滑油加工有限责任公司				5 600.00
应付账款	暂估				8 650.00

20×1年3月，公司发生下列经济业务。（当月取得的增值税专用发票均于当月勾选确认）

（1）1日，将2月末已收到材料尚未收到发票的暂估款8 650.00元冲回，采购材料为轴承专用脂JYX-13，数量50千克，供应商为滨江艾森润滑材料有限责任公司。

（2）3日，收到2月向滨江艾森润滑材料有限责任公司采购的已入库50千克轴承专用脂JYX-13的购货发票，单价每千克165元。（原始凭证见表B-3-1）

（3）5日，向滨江艾森润滑材料有限责任公司购入轴承专用脂JYX-11，单价每千克80元，数量100千克，付款条件为2/10，1/20，n/30，验收入库。（假设按结算金额的总额计算折扣）（原始凭证见表B-3-2 $\frac{1}{2}$ 和表B-3-2 $\frac{2}{2}$）

（4）7日，2月向嵊州信达润滑油加工有限责任公司采购的30千克轴承专用脂JYX-8验收入库，短缺0.5千克，系合理损耗。（原始凭证见表B-3-3）

（5）10日，向嵊州信达润滑油加工有限责任公司购入150千克轴承专用脂JYX-8，单价每千克80元，嵊州信达润滑油加工有限责任公司取得的货物运输业增值税专用发票上注明运费438元，税额39.42元。（原始凭证见表B-3-4 $\frac{1}{2}$ 和表B-3-4 $\frac{2}{2}$）

（6）14日，向滨江艾森润滑材料有限责任公司支付3月5日购入材料的采购款。（原始凭证见表B-3-5）

（7）15日，收到3月10日向嵊州信达润滑油加工有限责任公司采购的150千克轴承专用脂JYX-8。（原始凭证见表B-3-6）

（8）16日，通过电汇方式支付嵊州信达润滑油加工有限责任公司3月10日的材料采购款。（原始凭证见表B-3-7）

（9）25日，收到向嵊州信达润滑油加工有限责任公司采购的50千克轴承专用脂JYX-8，已验收入库，有关结算凭证尚未收到。（原始凭证见表B-3-8）

（10）28日，向富阳润滑油科技有限责任公司购入轴承专用脂JYX-13，数量100千克，单价每千克150元，材料已验收入库，签发了一张3个月到期的银行承兑汇票。（原始凭

证见表 B-3-9 $\frac{1}{2}$ 和表 B-3-9 $\frac{2}{2}$）

（11）31 日，暂估应付嵊州信达润滑油加工有限责任公司货款。

（12）31 日，汇总辅助材料领用单，编制发料凭证汇总表，并对本月领料业务进行账务处理。（原始凭证见表 B-3-10 $\frac{1}{6}$ ～表 B-3-10 $\frac{6}{6}$）

四、职业判断

ZX 公司存货明细情况分析如表 A-3-2 所示。

表 A-3-2　　　　　　　　ZX 公司存货明细情况分析表　　　　　　　单位：百万元

项目	2×21 年 12 月 31 日		2×20 年 12 月 31 日		存货跌价准备			
	绝对数	比重(%)	绝对数	比重(%)	期初数	本期计提	本期转销	期末数
原材料	258.60	29.31	430.01	50.28				
产成品	522.02	59.16	364.32	42.60	4.03	1.17	0.96	4.24
在产品	101.73	11.53	60.90	7.12				
合计	882.35	100.00	855.23	100.00	4.03	1.17	0.96	4.24

通过对公司存货的品种构成结构表的分析可以看出，ZX 公司 2×21 年年末存货余额比 2×20 年年末增长了 2 712 万元，增长率为 3.17%，其中原材料减少了 17 141 万元，产成品增加了 15 770 万元，在产品增加了 4 083 万元。公司面临的市场环境是：公司所处的家电行业恶性竞争激烈，公司产品的主要原材料价格持续上涨。公司的原材料比重降低说明公司适应原材料涨价的市场环境，降低原材料库存，满足生产需要即可。公司产品的成本中很大一部分来自铜，近年来铜价的大幅上涨压缩了企业的利润空间，但原材料市场瞬息万变，2×21 年年底，以 LME 铜期货为代表的铜价大幅下跌，LME 3 个月铜期货从 10 月中旬的 7 800 美元一线下跌到 6 900 美元一线，上海期交所的铜期货曾一度全线跌停，这改变了 ZX 公司的经营环境，带来利润的增长，也说明这样的存货结构使公司将原材料价格上升带来的损失减少到最低，从侧面也反映出公司较高的经营管理水平。但产成品的增加是否意味着公司的产品滞销，是否存在积压，还需进一步分析，但从公司 2×22 年年初的销售情况看，基本可以否定这一猜测，因为 2×22 年公司的销售较去年同期增长了 3.17%，出现了良好的增长势头。

依据及相关法规：
《企业会计准则——存货》

案例思考：

1. 上述对 ZX 公司存货的分析，还需要阅读会计报表附注中关于存货核算的会计方法部分，还可以从哪些方面进行说明？

2. 存货发出采用不同的计价方法，对企业的财务状况、盈亏情况会产生不同的影响，主要表现在哪几个方面？

3. 在企业实务操作中，存货的质量分析可以从哪几个方面进行？

讨论与分析：

1. 上述对 ZX 公司存货的分析，还需要阅读会计报表附注中关于存货核算的会计方法部分，可以从以下几个方面进行说明。

（1）存货的分类。ZX 公司存货包括在途物资、原材料、在产品、产成品、低值易耗品等。

（2）存货的计价方法。ZX 公司存货中原材料、在产品、产成品按实际成本计价，发出按加权平均法计算；周转材料——低值易耗品采用"一次摊销法"进行摊销。生产成本在完工产品和在产品之间的分配方法为按照定额成本分配。

（3）存货的盘存制度。ZX 公司存货的盘存制度为永续盘存制。

（4）存货跌价准备的核算方法。ZX 公司对期末存货按成本与可变现净值孰低计量。对于因存货遭受毁损、全部或部分过时、销售价格低于成本等原因造成的存货成本不可收回部分，按单个存货项目的成本高于可变现净值的差额提取存货跌价准备。

2. 存货发出采用不同的计价方法，对企业的财务状况、盈亏情况会产生不同的影响，主要表现在以下三个方面。

（1）存货计价对企业损益的计算有直接影响。表现在：

① 期末存货如果计价过低，当期的收益可能因此而相应减少；
② 期末存货如果计价过高，当期的收益可能因此而相应增加；
③ 期初存货如果计价过低，当期的收益可能因此而相应增加；
④ 期初存货如果计价过高，当期的收益可能因此而相应减少。

（2）存货计价对于资产负债表有关项目数额的计算有直接影响，包括流动资产总额、所有者权益等项目，都会因存货计价的不同而有不同的数额。

（3）存货计价方法的选择对计算缴纳所得税的数额有一定的影响。因为不同的计价方法，对结转当期销售成本的数额会有所不同，从而影响企业当期应纳税利润数额的确定。

在实际工作中，一些企业往往利用不同的存货计价方法来实现其操纵利润的目的，因此，在对企业资产和利润进行分析时，应予以关注。尤其是企业当期的存货计价方法发生变更时，要注意分析变更的真正原因及其对当期利润的影响。

3. 在企业实务操作中，存货的质量分析可以从以下几个方面进行。

（1）对存货的物理质量分析。存货的物理质量是指存货的自然质量，即存货的自然状态。例如，商业企业中的待售商品是否完好无损、制造业的产成品的质量是否符合相应产品的等级要求等。对存货的物理质量分析，可以初步确定企业存货的状态，为分析存货的被利用价值和变现价值奠定基础。

（2）对存货的时效状况分析。与时效性相关的企业存货是指价值和变现价值与时间联系较大的企业存货。按照时效性对企业存货进行分类，可以分为与保质期相连的存货、与内容相连的存货、与技术相连的存货。

（3）对存货的品种构成分析。不同行业，存货内容不尽相同。如建筑公司的存货包括周转材料、工程施工；房地产公司的存货包括库存设备、开发产品、出租开发产品、周转房、开发成本等。

在企业生产和销售多种产品的条件下，不同品种的产品的赢利能力、技术状态、市场发展前景以及产品的抗变能力等可能有较大的差异。过分依赖某一种产品或某几种产品的企业,极有可能因产品出现问题而使企业全局受到重创。

因此,应当对企业存货的品种构成进行分析,并关注不同品种的产品的赢利能力、技术状态、市场发展前景以及产品的抗变能力等方面的状况。上述几种分析也为进一步在存货项目运用成本与市价孰低规则以及存货报表信息的披露奠定了基础。

任务 A-4 原材料采用计划成本核算实训

一、能力目标

1. 能识记《企业会计准则——存货》等存货实务会计处理的有关规定。
2. 熟悉材料物资核算岗位的职责,能运用所学知识根据原始凭证分析经济业务,熟练进行原材料计划成本法下的会计处理。
3. 能运用会计基本理论知识解释存货信息生成过程。
4. 能解决存货会计处理过程中的常见问题。
5. 能初步具有相应的会计职业判断意识。
6. 能严格按照《企业会计准则》等政策法规要求规范操作。

二、任务描述

1. 设置"原材料——原料及主要材料""材料采购——原料及主要材料""材料成本差异——原料及主要材料"二级明细账和三级明细账,登记期初余额。
2. 根据经济业务填制有关原始凭证。
3. 根据实训资料中的原始凭证,填制记账凭证,并将原始单据附于后面。
4. 月末,计算材料成本差异率,分配材料成本差异,完成发料凭证汇总表,编制记账凭证。
5. 根据记账凭证及原始凭证登记"原材料""材料采购""材料成本差异"二级明细账和三级明细账。
6. 月末,核对"原材料""材料采购""材料成本差异"二级明细账和三级明细账期末余额,如不一致,查找原因,进行更正。

三、实训资料

大宇轴承有限责任公司在存货核算中对原料及主要材料采用计划成本核算。公司在每年的12月由财务部门、采购部门、生产部门有关人员共同制定下一年度的各种原料及主要材料的单位计划成本。轴承钢、电解铜系公司生产所用的主要原材料。公司于每年年末,对存货进行全面清查,对盘盈、盘亏存货,及时查明原因,经审批后做出账务处理,使得账实一致。公司于每年年末,按单个存货项目预计可变现净值,计提存货跌价准备。2×21年,公司原料及主要材料中的轴承钢计划单位成本为每千克30元;电解铜计划单位成本为每千克40元。2×21年12月,有关账户余额资料如表A-4-1所示。

表 A-4-1　　　　　　　　　　　账户余额表

总账账户	二级明细账	三级明细账	数量(千克)	单价(元)	余额(元)
原材料	原料及主要材料	轴承钢	2 300	30.00	69 000.00
原材料	原料及主要材料	电解铜	2 800	40.00	112 000.00
材料采购	原料及主要材料	轴承钢	2 000	31.00	62 000.00
材料采购	原料及主要材料	电解铜	3 200	37.00	118 400.00
材料成本差异	原料及主要材料	轴承钢			6 200.00(借)
材料成本差异	原料及主要材料	电解铜			8 200.00(贷)

2×21年12月,有关轴承钢和电解铜采购、领用资料如下。(当月取得的增值税专用发票均于当月勾选确认)

(1) 12月10日,11月末向顺达金属制品有限责任公司购入的2 000千克轴承钢验收入库。(原始凭证见表B-4-1)

(2) 12月11日,收到11月末向上海长顺铜制品有限责任公司购入的3 200千克电解铜,实际验收数量为3 000千克,短缺200千克,原因待查。(原始凭证见表B-4-2)

(3) 12月13日,经调查,短缺系运输公司运输过程中保管不善造成电解铜被盗,经协商短缺部分的材料价款和增值税由运输公司负责赔偿。(原始凭证见表B-4-3)

(4) 12月15日,收到上海万达物流有限责任公司支付的赔款。(原始凭证见表B-4-4)

(5) 12月15日,向上海长顺铜制品有限责任公司购入1 200千克电解铜,单价为每千克41元,取得的货物运输业增值税专用发票上注明运费2 500元,税额225元,签发转账支票支付全部款项,材料尚未收到。(原始凭证见表B-4-5 $\frac{1}{4}$ ~表B-4-5 $\frac{4}{4}$)

(6) 12月19日,向顺达金属制品有限责任公司购入1 400千克轴承钢,单价为每千克32元,货款尚未支付,材料验收入库。(原始凭证见表B-4-6 $\frac{1}{2}$ 和表B-4-6 $\frac{2}{2}$)

(7) 12月20日,收到12月15日购入的电解铜。(原始凭证见表B-4-7)

(8) 12月25日,公司预计电解铜的价格将大幅上涨,向上海长顺铜制品有限责任公司购入6 000千克电解铜,单价为每千克45元,取得的货物运输业增值税专用发票上注明运费8 000元,税额720元,签发转账支票支付全部款项。(原始凭证见表B-4-8 $\frac{1}{4}$ ~表B-4-8 $\frac{4}{4}$)

(9) 12月31日,计算轴承钢、电解铜的本月材料成本差异率。

(10) 12月31日,汇总本月领料单,编制发料凭证汇总表,对本月领料业务进行账务处理,分配领用材料应承担的材料成本差异。(原始凭证见表B-4-9 $\frac{1}{5}$ ~表B-4-9 $\frac{5}{5}$)

(11) 12月31日,公司对存货进行年末清查。(原始凭证见表B-4-10 $\frac{1}{2}$ 和表B-4-10 $\frac{2}{2}$)

(12) 12月31日,公司对存货进行减值测试。(原始凭证见表B-4-11)

四、职业判断

甲公司是一家生产电子产品的上市公司,自2×07年1月1日起开始执行财政部发布的新企业会计准则,为增值税一般纳税人。公司的会计政策是按单项存货、按年计提存货跌价准备。2×20年12月31日,甲公司下列存货出现减值迹象,为此,甲公司进行了减值测试,测试情况如下。

(1) A产品库存300台,单位成本为15万元,A产品市场销售价格为每台18万元,预计发生平均运杂费等销售税费为每台1万元,未签订不可撤销的销售合同。A产品存货跌价准备期初无余额。

(2) B产品库存500台,单位成本为4.5万元,B产品市场销售价格为每台4.5万元。甲公司已经与长期客户某企业签订了一份不可撤销的销售合同,约定在2×21年2月10日向该企业销售B产品300台,合同价格为每台4.8万元。向长期客户销售的B产品平均运杂费等销售税费为每台0.3万元;向其他客户销售的B产品平均运杂费等销售税费为每台0.4万元。B产品存货跌价准备期初余额为10万元。

甲公司的会计人员在确定B产品是否发生跌价的时候有如下认识。

签订合同部分300台:

$$可变现净值 = 300 \times (4.8 - 0.3) = 1\,350(万元)$$
$$成本 = 300 \times 4.5 = 1\,350(万元)$$

未签订合同部分200台:

$$可变现净值 = 200 \times (4.5 - 0.4) = 820(万元)$$
$$成本 = 200 \times 4.5 = 900(万元)$$
$$B产品的可变现净值总额 = 1\,350 + 820 = 2\,170(万元)$$
$$总成本 = 1\,350 + 900 = 2\,250(万元)$$

因此,

$$对B产品应该计提跌价准备的金额 = 2\,250 - 2\,170 - 10 = 70(万元)$$

(3) C产品库存1 000台,单位成本为2.55万元,C产品市场销售价格为每台3万元,预计平均运杂费等销售税费为每台0.3万元。C产品未签订不可撤销的销售合同,且上年年末已经计提跌价准备100万元。

(4) D原材料400千克,单位成本为2.25万元,D原材料的市场销售价格为每千克1.2万元。现有D原材料可用于生产400台C产品,预计加工成C产品还需每台投入成本0.38万元。未签订不可撤销的销售合同。

依据及相关法规:
《企业会计准则——存货》

案例思考:
1. 分析判断上述资料中A产品是否需要计提存货跌价准备,并说明理由。
2. 请判断甲公司的会计人员确定的B产品的跌价准备是否正确,并说明理由。如果不正确,请说明正确的确定方法。

3. 关于 C 产品,甲公司的会计人员认为没有发生跌价,已经计提的跌价按照新会计准则的规定也不能转回,请判断其观点是否正确,并说明理由。

4. 关于 D 原材料,甲公司的会计人员认为其成本高于市场销售价格,应该计提存货跌价准备,但总会计师认为不应该计提,请判断谁的说法正确,并说明理由。

讨论与分析:

1. A 产品不需要计提存货跌价准备。

理由:A 产品的可变现净值 = 300×(18−1) = 5 100(万元),成本 = 300×15 = 4 500(万元),因为可变现净值大于产品成本,则 A 产品不需要计提存货跌价准备。

2. 甲公司的会计人员确定 B 产品存货跌价准备结果虽然正确,但是处理方法不正确。

理由:B 产品是部分签订了销售合同,部分没有签订,在确定其是否发生跌价时不能放在一起核算。正确的处理如下所述。

签订合同部分 300 台:可变现净值 = 300×(4.8−0.3) = 1 350(万元),成本 = 300×4.5 = 1 350(万元),因为产品的可变现净值 = 产品的成本,则签订合同部分不需要计提存货跌价准备。

未签订合同部分 200 台:可变现净值 = 200×(4.5−0.4) = 820(万元),成本 = 200×4.5 = 900(万元),应计提存货跌价准备 = 900−820−10 = 70(万元)。

所以,B 产品总共需要计提的存货跌价准备为 70 万元。

3. 甲公司的会计人员认为不需要计提跌价准备的观点正确,但是已经计提的跌价准备不能转回的观点不正确。

理由:C 产品的可变现净值 = 1 000×(3−0.3) = 2 700(万元),产品成本 = 1 000×2.55 = 2 550(万元),因为可变现净值大于成本,所以不需要计提准备;但是,由于存货属于流动资产,其跌价准备的计提不遵循资产减值准则,按照新会计准则是允许转回的。

4. 总会计师的说法正确。

理由:D 原材料是为了生产 C 产品而持有的,不能直接用 D 原材料的成本与售价比较确定其是否跌价,如果 C 产品未发生减值,则 D 原材料不需要计提存货跌价准备。

任务 A-5 固定资产实训

一、能力目标

1. 能识记《企业会计准则——固定资产》《企业会计准则——资产减值》等固定资产实务会计处理的有关规定。

2. 熟悉固定资产核算岗位职责,能运用所学知识根据原始凭证分析经济业务,熟练进行企业固定资产实务的会计处理。

3. 能运用会计基本理论知识解释固定资产信息生成过程。
4. 能解决固定资产会计处理过程中的常见问题。
5. 能初步具有相应的会计职业判断意识。
6. 能严格按照《企业会计准则》要求规范操作。

二、任务描述

1. 根据经济业务资料计算固定资产入账价值、折旧金额、应计提减值准备金额等。
2. 根据经济业务填制有关原始凭证。
3. 根据实训资料中的原始凭证,填制记账凭证,并将原始单据附于后面。

三、实训资料

大宇轴承有限责任公司对固定资产后续支出核算方法：符合资本化条件的后续支出(改良支出)应当按照规定予以资本化,符合费用化条件的支出(如大修理、日常维护支出)于发生时直接计入当期损益。公司于每年年末对固定资产逐项进行检查,对由于市价持续下跌、技术陈旧、损坏或长期闲置等原因发生减值的固定资产计提减值准备。固定资产减值准备按单项资产计提。固定资产折旧采用年限平均法计算,并按各类固定资产的原值和估计的经济使用年限扣除残值(原值的3%)制定其折旧率。各类固定资产折旧率如表 A-5-1 所示。

表 A-5-1　　　　　　　各类固定资产折旧率表

资产类别	估计经济使用年限	年折旧率(%)
房屋建筑物	25	3.88
通用设备	5	19.4
专用设备	10	9.7
运输设备	5	19.4
其他	5	19.4

假设 2×18—2×22 年,大宇轴承有限责任公司固定资产业务中涉及以下业务。(当月取得的增值税专用发票均于当月勾选确认)

(1) 2×18 年 11 月 12 日,大宇轴承有限责任公司引进一套全新的锻压生产线,总计 200 万元,增值税为 26 万元,货物运输业增值税专用发票上注明运费 77 600 元,税额 6 984 元,厂家负责安装调试。款项以银行存款支付;没有发生其他相关税费。按公司固定资产分类方法,该锻压生产线属于专用设备。公司签发转账支票支付运费和 70% 的款项。(原始凭证见表 B-5-1 $\frac{1}{4}$ ～表 B-5-1 $\frac{4}{4}$)

(2) 2×18 年 12 月 10 日,锻压生产线安装调试完毕,经验收合格,投入一车间使用。(原始凭证见表 B-5-2)

(3) 2×20 年 3 月 5 日,锻压生产线发生故障,发生修理费用 33 900 元。(原始凭证

见表 B-5-3)

(4) 2×20 年 12 月 25 日,大宇轴承有限责任公司组织有关人员对固定资产进行减值测试,锻压生产线由于所生产的产品不符合市场需求,产品定价较低,经认定该锻压生产线预计可收回金额为 150 万元(计提减值后,该设备原预计使用年限、预计净残值、折旧方法保持不变)。(原始凭证见表 B-5-4 $\frac{1}{2}$ 和表 B-5-4 $\frac{2}{2}$)

(5) 2×21 年 7 月 1 日,大宇轴承有限责任公司将一闲置设备出租,按月收取租金,月租金 2 260 元。(原始凭证见表 B-5-5 $\frac{1}{3}$~表 B-5-5 $\frac{3}{3}$)

(6) 2×21 年 12 月 31 日,大宇轴承有限责任公司因生产经营方向调整,决定委托滨江机械工业大学机械研究所对锻压生产线进行技术改造。(原始凭证见表 B-5-6)

(7) 2×21 年 12 月 31 日,大宇轴承有限责任公司与滨江机械工业大学机械研究所签订了技术改造合同,合同总价款为 30 万元,于委托日预付 40% 的技术改造款,余款在技术改造工程验收合格后支付。(原始凭证见表 B-5-7)

(8) 2×22 年 3 月 12 日,锻压生产线技术改造工程完工并验收合格,预计尚可使用年限为 8 年,预计净残值率为 3%。(原始凭证见表 B-5-8)

(9) 2×22 年 3 月 15 日,大宇轴承有限责任公司签发转账支票向滨江机械工业大学机械研究所支付剩余 60% 技术改造款。(原始凭证见表 B-5-9 $\frac{1}{2}$ 和表 B-5-9 $\frac{2}{2}$)

(10) 2×22 年 7 月 15 日,购入 5 台惠普计算机,用于行政部门办公。(原始凭证见表 B-5-10 $\frac{1}{2}$ 和表 B-5-10 $\frac{2}{2}$)

(11) 2×22 年 8 月 10 日,大宇轴承有限责任公司遭受台风袭击,损失较重,其中锻压生产线毁损严重,公司决定进行处置,取得残料变价收入 5 万元、保险公司赔偿款 130 万元;款项均以银行存款收付,不考虑其他相关税费。(原始凭证见表 B-5-11 $\frac{1}{6}$~表 B-5-11 $\frac{6}{6}$)

(12) 2×22 年 12 月 31 日,计提 12 月固定资产折旧。(原始凭证见表 B-5-12)

四、职业判断

截至 2×21 年 6 月 30 日,某上市 A 公司资产负债表中长期待摊费用余额高达 14 570 万元,该笔资产全部由店铺更新改造支出构成,摊销期为 20 年。这项支出看起来是针对固定资产的资本性支出,而不是费用性支出。受准则指引,公司似乎可以将上述能够改善其资产状况与业绩的支出计入固定资产并采取折旧的方式加以分摊。但遗憾的是,被更新改造的固定资产在所有权上并不属于该公司,它们是协议租用的,这就决定了它不能增加固定资产价值,只能以费用形式反映。面对如此复杂的经济现象,会计人员不能只就业务表面特征进行处理,而要挖出隐藏其后的实质交易,才能做到准确判断。

另外,A 公司将该笔巨额长期待摊费用作 20 年摊销显然是不合情理的。常识告诉我们,20年内进行的固定资产更新不可能只有一次,如果考虑到近几年国际零售店铺频繁装修的实际情况,至少应多达三次。对不可避免的下一次更新改造支出,继续按照20年进行摊销,将导致该资产越滚越大,其报表利润泡沫化在所难免。

依据及相关法规:

1. 《企业会计准则——固定资产》
2. 《企业会计准则——资产减值》

案例思考:

根据上述案例资料,固定资产准则中运用的会计职业判断有哪些?

讨论与分析:

固定资产作为企业一项重要资产项目,其确认计量准确与否对企业会计信息真实性、完整性具有举足轻重的意义。

(1) 固定资产确认、计量对会计职业判断提出的思考。《企业会计准则——固定资产》在夯实企业资产、提高资产质量、提供有力制度保障的同时,也给予会计职业判断更广阔的空间,依靠会计人员做出合理的判断。《企业会计准则》规定:固定资产入账的条件是"达到预定可使用状态",作为会计人员不能只凭一张发票就作为固定资产入账的依据,要确认固定资产已达到预定可使用状态这个实质,涉及对资产的安装进度、试运行性能、预算及实际资本化程度等情况的判断。这样做使人为调节固定资产价值、任意处理固定资产入账时间比较困难,提高了固定资产的真实性。准则赋予的这种灵活性是要强调企业根据自身生产经营特点和市场情况来确认固定资产,充分利用市场这一"看不见的手"达到优化配置资源的目的。但这种灵活性同时也是把双刃剑,若会计人员职业判断不够准确,若企业有不良意图,那么新准则可能成为企业操纵利润的工具。

准则对不同交易类型采用不同的确认标准,增大了会计职业判断的难度。购入固定资产采用历史成本价;投资投入按投资双方确认价值入账,其实质是公允价值;盘盈资产采用现行市价。同时,在复杂的经济环境下,企业间的交易往往具有混杂性,一笔交易可能同时涉及购销、非货币性交易甚至债务重组。会计人员难以判断其究竟属于哪一种交易,用哪一种对应的确认标准。正是职业判断的这种模糊性导致了所谓"会计创新"之怪现象如雨后春笋般涌现出来。比如,关联企业拟进行资产置换,但非货币性交易规定只能用有关账面价值入账,这使企业虚增利润的企图落空。"会计创新"则采用迂回战术,避开与准则的正面冲突,先签订购销合同,以高价出售资产,再用应收账款冲前期债务,利用职业判断钻制度空子,以达到粉饰利润的目的。

后续支出资本化问题对会计职业判断提出了又一个思考,后续支出是否应计入固定资产账面价值需要进行细致深入的判断。若判断失误则会导致费用资本化,当期利润上升,形成企业调节利润的渠道。准则中用了"如果"这个词,使后续支出"可能带来经济利益的流入"和"原先的估计"具有很大的随意性和不确定性,职业判断的重要性凸显出来。针对我国目前企业后续支出过多资本化问题,如何根据经验用敏锐的目光进行准确的判断,成为会计人员思考的又一问题。

(2) 折旧政策对会计职业判断提出的思考。准则在坚持由企业自主确定固定资产折旧政策下,进一步突出折旧原则的选择要根据"固定资产所含经济利益预期实现方式"来判断,运用资产确认的两条原则,结合本企业、本行业具体情况作出取舍。残值率根据不同企业允许估计并采用不同的比率。一般而言,固定资产净残值都很小,特别是科技含量较高的仪器、设备,报废时几乎没多少价值可收回。从重要性原则出发,可以不考虑这类固定资产净残值。又如,由于安全、环保等法规的制约,有些固定资产报废时可以收回的残余价值可能不足以支付清理费用,即净残值出现负数。在计算折旧时则应将其绝对值加到固定资产成本中去。折旧年限的确定权下放给企业后并不是说企业可以随心所欲,可以根据企业报表利润需要随时改变,使之变成调节经营业绩的蓄水池。会计人员在合理运用职业判断时要充分保证估计方法的一贯性和一致性。

(3) 计提减值准备的会计职业判断思考。计提减值准备赋予企业更多的职业判断权利,为职业判断提供更广阔的空间,其目的在于使企业更稳定地确认当期收益,更真实公允地反映企业的财务状况,在理论上更符合谨慎性原则,但不可否认也不可避免地会带来新问题:如何界定资产减值、如何计提减值等都没有绝对的标准,需要会计人员根据具体情况作出判断。

而判断所依据的条件和衡量的标准各不相同,因此企业管理者、会计人员可能利用这种会计的随意性,利用具体项目内容的伸缩性,用带有偏向性的假设来歪曲财务报表上的利润,使之成为企业盈余管理的手段。如在实施新会计政策第一年,企业可以利用"追溯调整法"将当年或以后年度的损失追溯到以前年度,或将以后年度的收益提前在本年度确认,还可以通过对当年年度资产减值准备提取方法的选择,少提或多提以影响当年度的赢利。相关资料表明,在 2×20 年年报中,上市公司有很大部分只更改了会计政策,根本没有或很少计提减值准备,也没有对其进行披露。但这种做法却是在制度范围内允许的,是职业判断权利选择的结果,即使其资产真实性会让人产生一定怀疑。从这个层面看,准则制定部门还应谨慎赋予企业会计的选择权。

任务 A-6 无形资产实训

一、能力目标

1. 能识记《企业会计准则——无形资产》《企业会计准则——资产减值》等无形资产实务会计处理的有关规定。
2. 熟悉相应岗位职责,能运用所学知识根据原始凭证分析经济业务,熟练进行企业无形资产实务的会计处理。
3. 能运用会计基本理论知识解释无形资产信息生成过程。
4. 能解决无形资产会计处理过程中的常见问题。
5. 能初步具有相应的会计职业判断意识。
6. 能严格按照《企业会计准则》等政策法规要求规范操作。

二、任务描述

1. 根据经济业务资料计算无形资产的入账价值、摊销金额、应提减值准备金额等。
2. 根据经济业务填制有关原始凭证。
3. 根据实训资料中的原始凭证,填制记账凭证,并将原始单据附于后面。

三、实训资料

大宇轴承有限责任公司自 2×07 年 1 月 1 日起执行《企业会计准则》。2×19—2×21 年无形资产有关业务资料如下。(当月取得的增值税专用发票均于当月勾选确认)

(1) 2×19 年 1 月 3 日,以银行存款 36 万元向滨江机械工业大学机械研究所购入一项高温轴承专利,专利号 399999。取得的增值税专用发票上注明价款 36 万元,税款 2.16 万元。该项发明专利受法律保护时间还剩 15 年,预计可使用年限为 10 年。公司采用直线法摊销。(原始凭证见表 B-6-1 $\frac{1}{2}$ 和表 B-6-1 $\frac{2}{2}$)

(2) 2×20 年 5 月 6 日,向上海万方轴承有限责任公司支付 20 万元取得一项防锈防腐专有技术的使用权,可无限期使用。根据获得的相关信息,公司无法合理估计该项专有技术的使用寿命。因此,公司将其确定为使用寿命不确定的无形资产。(原始凭证见表 B-6-2 $\frac{1}{2}$ 和表 B-6-2 $\frac{2}{2}$)

(3) 2×20 年 12 月 31 日,摊销无形资产。(原始凭证见表 B-6-3)

(4) 2×20 年 12 月 31 日,对无形资产进行减值测试,高温轴承专利的预计未来现金流量现值是 23 万元,公允价值减去处置费用后的净额为 24 万元。减值测试后该资产的使用年限不变。防锈防腐专有技术减值测试结果为未发生减值。其他无形资产不存在减值迹象。(原始凭证见表 B-6-4 $\frac{1}{2}$ 和表 B-6-4 $\frac{2}{2}$)

(5) 2×21 年 4 月 1 日,大宇轴承有限责任公司将高温轴承专利对外出售给滨江祺瑞有限责任公司,开出的增值税专用发票上注明价款 27.5 万元,税款 1.65 万元,款项已存入银行。(原始凭证见表 B-6-5 $\frac{1}{3}$～表 B-6-5 $\frac{3}{3}$)

四、职业判断

注册会计师李文审计丁公司 2×21 年度会计报表时了解到,丁公司从 2×21 年年初开始研究开发一项新技术,该公司在研究开发过程中发生材料费用 6 000 000 元、人工费用 3 000 000 元,其他费用 2 500 000 元,总计 11 500 000 元,其中,符合资本化条件的支出为 5 000 000 元。2×21 年 10 月 31 日,该项新技术已经达到预定用途。为使该项新技术运用到生产中,丁公司发生相关费用 300 000 元。审计中未发现丁公司进行账务处理。

另外,2×21年11月,丁公司与乙公司签订协议,将开发的该项新技术出售给乙公司,双方协议价格8 000 000万元,乙公司于12月5日预付了5 000 000元价款,丁公司确认了该项无形资产的转让收入。协议中规定,该项新技术出售给乙公司后,丁公司需继续提供售后服务,以保证乙公司使用该项技术所生产的产品必须达到乙公司规定的质量标准,如果1年内未能达到规定的质量标准,乙公司有权原价返给丁公司。

依据及相关法规:
《企业会计准则——无形资产》

案例思考:
根据上述案例资料,注册会计师李文应进行怎样的审计处理?

讨论与分析:
《企业会计准则——无形资产》规定:将自创无形资产过程分为两个阶段,即研究阶段与开发阶段。研究是指为获取并理解新的科学或技术知识而进行的独创性的有计划调查。开发是指在进行商业性生产或使用前,将研究成果或其他知识应用于某项计划或设计,以生产出新的或具有实质性改进的材料、装置、产品等。因此,研究阶段是探索性的,其相关支出在发生时应当费用化并计入当期损益。相对于研究阶段而言,开发阶段应当是已完成研究阶段的工作,在很大程度上具备了形成一项新产品或新技术的基本条件,此时,如果企业能够证明开发支出符合无形资产的定义及能够同时满足新准则列出的两个条件,则可将其进行资本化处理并确认为无形资产。这样规定有利于企业提高自主创新的积极性,增加资产价值,提高企业的科技含量,兼顾企业的长远利益。

无形资产在确认后发生的支出,应在发生时确认为当期费用。企业出租或转让无形资产时,所取得租金或价款应按《企业会计准则——收入》的规定予以确认;同时,还应确认相关的费用。

据此,注册会计师李文应进行以下审计处理。

(1) 提请丁公司就无形资产价值的确认、转让收入的确定等进行调整。

① 发生研发支出时。

借:研发支出——费用化支出	6 500 000
——资本化支出	5 000 000
贷:原材料	6 000 000
应付职工薪酬	3 000 000
银行存款	2 500 000

② 该项新型技术已经达到预定用途时。

借:管理费用	6 500 000
无形资产	5 000 000
贷:研发支出——费用化支出	6 500 000
——资本化支出	5 000 000

③ 支付确认无形资产后续支出时。

借:管理费用	300 000
贷:银行存款等账户	300 000

(2) 根据协议规定,在丁公司对乙公司使用该项新技术后能否达到规定的质量标准的可能性不可确定时,丁公司转让新技术的主要风险和报酬并未转移,不能确认 2×21 年度该项无形资产的转让收入。为此,提请丁公司作以下调整处理。

  借:其他业务收入   5 000 000
    贷:预收账款   5 000 000

同时,调整已计算的应交税费。

由于无形资产的价值具有相对的不确定性,注册会计师在审计中必须对其存在性、归属性和会计处理的合法性给予一定的关注。无形资产的审计可采用以下特殊审计程序。

① 索取并审阅被审计单位无形资产明细账,逐一检查与无形资产相关的文件、资料,了解其内容和计价依据、所有权等。

② 审查无形资产当年增加,关注入账价值中资本化支出和费用的划分是否合理。

③ 审查无形资产摊销期间估计的合理性及其本期摊销是否正确、会计处理是否合规。

④ 检查无形资产的减值准备计提情况。

⑤ 审核本期无形资产转让、出租等处置的合法性及其会计处理。

⑥ 检查无形资产在资产负债表中是否适当披露。

任务 A-7　以公允价值计量且其变动计入当期损益的金融资产实训

一、能力目标

1. 能识记《企业会计准则——金融工具确认和计量》中有关以公允价值计量且其变动计入当期损益的金融资产实务会计处理的有关规定。

2. 熟悉相应岗位职责,能运用所学知识根据原始凭证分析经济业务,能进行企业以公允价值计量且其变动计入当期损益的金融资产实务的会计处理。

3. 能运用会计基本理论知识解释以公允价值计量且其变动计入当期损益的金融资产信息生成过程。

4. 能解决以公允价值计量且其变动计入当期损益的金融资产实务会计处理过程中的常见问题。

5. 能初步具有相应的会计职业判断意识。

6. 能严格按照《企业会计准则》等政策法规要求规范操作。

二、任务描述

1. 根据经济业务资料计算以公允价值计量且其变动计入当期损益的金融资产公允

价值变动损益。

2. 根据经济业务填制有关原始凭证。

3. 根据实训资料中的原始凭证,填制记账凭证,并将原始单据附于后面。

三、实训资料

大宇轴承有限责任公司为了提高闲置资金的收益率,利用闲置资金以赚取差价为目的从二级市场上购买股票。大宇轴承有限责任公司在华西证券开设了资金账户,申请开通网上交易。股票交易税费包括印花税(只对出让方征收)和佣金。印花税为成交金额的1‰,佣金按成交金额的 0.5‰收取(最低 5 元)。为了简化核算,公司在每年的 6 月 30 日和 12 月 31 日对交易性金融资产的公允价值进行调整。2×21 年,大宇轴承有限责任公司交易性金融资产有关业务如下。

(1) 3 月 1 日,从工商银行基本户中向证券资金账户划入 20 万元。(原始凭证见表 B-7-1)

(2) 3 月 1 日,购入上海汽车股票 5 000 股,并准备随时变现,每股买价 13 元,同时支付相关税费 32.50 元。(原始凭证见表 B-7-2)

(3) 6 月 21 日,上海汽车宣告发放现金股利,每 10 股派发现金红利 1.44 元(税后)。(原始凭证见表 B-7-3)

(4) 6 月 22 日,购入上海汽车股票 5 000 股,并准备随时变现,每股买价 19 元(含已宣告未发放的股利),同时支付相关税费 47.50 元。(原始凭证见表 B-7-4)

(5) 6 月 30 日,上海汽车收盘价 17.27 元。(原始凭证见表 B-7-5)

(6) 8 月 15 日,收到上海汽车的现金股利。(原始凭证见表 B-7-6)

(7) 9 月 20 日,以每股 29 元的价格转让 6 000 股上海汽车,同时支付相关税费 261 元。(原始凭证见表 B-7-7)

(8) 12 月 31 日,上海汽车收盘价每股 26.29 元。(原始凭证见表 B-7-8)

四、职业判断

A 公司系一家在上海证券交易所挂牌交易的上市公司,2×21 年公司有关金融资产转移业务的相关资料如下。

(1) 2×21 年 2 月 1 日,A 公司将收到的乙公司开出并承兑的不带息商业承兑汇票向丙商业银行贴现,取得贴现款 380 万元。合同约定,在票据到期日不能从乙公司收到票款时,丙商业银行可向甲公司追偿。该票据系乙公司于 2×21 年 1 月 1 日为支付购买原材料款而开出的,票面金额为 400 万元,到期日为 2×21 年 5 月 31 日。假定不考虑其他因素。A 公司终止确认了该项金融资产。

(2) 2×21 年 5 月 1 日,A 公司将其一项金融资产出售给乙公司,取得出售价款 180 万元,同时与乙公司签订协议,在约定期限结束时按照固定价格 185 万元回购该金融资产,A 公司在处理时终止确认了该项金融资产。

(3) 2×21 年 6 月 1 日,A 公司将其一项金融资产出售给丙公司,同时与丙公司签订了看跌期权合约,但从合约条款判断,该看跌期权是一项重大价内期权,A公司在处理时终止确认了该项金融资产。

(4) 2×21年7月1日,A公司将其信贷资产整体转移给戊信托机构,同时保证对戊信托公司可能发生的信用损失进行全额补偿,A公司在处理时终止确认了该金融资产。

依据及相关法规:

《企业会计准则——金融工具确认和计量》

案例思考:

分析、判断A公司对事项(1)~(4)的会计处理是否正确,并分别简要说明理由;如不正确,请分别说明正确的会计处理。

讨论与分析:

1. A公司终止确认该项金融资产的处理不正确。

采用附追索权方式出售金融资产的,不应当终止确认相关的金融资产,应当继续确认所转移金融资产整体,并将收到的对价确认为一项金融负债(短期借款)。

2. A公司终止确认该项金融资产的处理不正确。

企业将金融资产出售,同时与买入方签订协议,在约定期限结束时按照固定价格将该金融资产回购的,不应当终止确认该金融资产。

3. A公司终止确认该项金融资产的处理不正确。

A公司在将金融出售的同时与买入方签订了看跌期权合约,买入方有权将该金融资产返售给企业,并且从期权合约的条款设计来看,买方很可能会到期行权,所以,A公司不应终止确认该金融资产。

4. A公司终止确认该项金融资产的处理不正确。

A公司在将其信贷资产进行转移的同时对买方可能发生的信用损失进行全额补偿,这说明该金融资产相关的风险并没有全部转移,所以A公司不应终止确认该项金融资产。

任务A-8 以摊余成本计量的金融资产实训

一、能力目标

1. 能识记《企业会计准则——金融工具确认和计量》中有关以摊余成本计量的金融资产实务会计处理的有关规定。
2. 熟悉相应岗位职责,能运用所学知识根据原始凭证分析经济业务,能进行企业以摊余成本计量的金融资产实务的会计处理。
3. 能运用会计基本理论知识解释以摊余成本计量的金融资产信息生成过程。
4. 能解决以摊余成本计量的金融资产实务会计处理过程中的常见问题。
5. 能初步具有相应的会计职业判断意识。
6. 能严格按照《企业会计准则》等政策法规要求规范操作。

二、任务描述

1. 根据经济业务资料计算以摊余成本计量的金融资产利息调整业务核算。
2. 根据经济业务填制有关原始凭证。
3. 根据实训资料中的原始凭证,填制记账凭证,并将原始单据附于后面。

三、实训资料

大宇轴承有限责任公司2×17年1月1日购入华日公司当日发行的5年期债券,准备持有至到期。债券的票面利率为12%,债券面值1 000元,企业按1 050元的价格购入80张。该债券每年年末付息一次,最后一年还本并付最后一次利息。假定不考虑相关税费,该债券的实际利率为10.66%。为了简化核算,公司按年核算利息收入和摊销溢价,在核算时计算结果保留整数。公司在债券取得至到期收回具体涉及以下业务的核算。

(1) 2×17年1月1日,购入华日公司五年期企业债券。(原始凭证见表B-8-1 $\frac{1}{2}$ 和表B-8-1 $\frac{2}{2}$)

(2) 2×17年12月31日,确认利息收入、摊销溢价。(原始凭证见表B-8-2)

(3) 2×17年12月31日,收到债券利息。(原始凭证见表B-8-3)

(4) 2×18年12月31日,确认利息收入、摊销溢价。(原始凭证见表B-8-4)

(5) 2×18年12月31日,收到债券利息。(原始凭证见表B-8-5)

(6) 2×19年12月31日,确认利息收入、摊销溢价。(原始凭证见表B-8-6)

(7) 2×19年12月31日,收到债券利息。(原始凭证见表B-8-7)

(8) 2×20年12月31日,确认利息收入、摊销溢价。(原始凭证见表B-8-8)

(9) 2×20年12月31日,收到债券利息。(原始凭证见表B-8-9)

(10) 2×21年12月31日,确认利息收入、摊销溢价。(原始凭证见表B-8-10)

(11) 2×21年12月31日,收到债券本金和最后一期利息。(原始凭证见表B-8-11)

任务A-9 长期股权投资实训

一、能力目标

1. 能识记《企业会计准则——长期股权投资》中有关长期股权投资实务会计处理的有关规定。
2. 熟悉相应岗位职责,能运用所学知识根据原始凭证分析经济业务,能进行企业长期股权投资实务的会计处理。

3. 能运用会计基本理论知识解释长期股权投资信息生成过程。
4. 能解决长期股权投资实务会计处理过程中的常见问题。
5. 能初步具有相应的会计职业判断意识。
6. 能严格按照《企业会计准则》等政策法规要求规范操作。

二、任务描述

1. 根据经济业务资料计算长期股权投资入账价值和投资收益。
2. 根据经济业务填制有关原始凭证。
3. 根据实训资料中的原始凭证,填制记账凭证,并将原始单据附于后面。

三、实训资料

根据《企业会计准则》规定,大宇轴承有限责任公司对子公司的投资以及对不具有共同控制或重大影响,且在活跃市场中没有报价、公允价值不能可靠计量的公司的投资采用成本法核算;对具有共同控制和重要影响的公司的投资采用权益法核算。2×19—2×21年长期股权投资业务有关资料如下。

(1) 2×19年1月1日,以货币资金向华联实业有限责任公司(以下简称华联公司)出资160万元,占华联公司60%的股份,对华联公司实施控制,不考虑相关费用。(原始凭证见表B-9-1 $\frac{1}{2}$ 和表B-9-1 $\frac{2}{2}$)

(2) 2×19年1月1日,大宇轴承有限责任公司以银行存款1 000万元,购入滨江广安有限责任公司(以下简称广安公司)30%的股份,对广安公司的财务和经营政策具有重大影响,不考虑相关费用。2×19年1月1日,广安公司所有者权益总额为3 000万元(与可辨认净资产公允价值金额一致)。(原始凭证见表B-9-2 $\frac{1}{2}$ 和表B-9-2 $\frac{2}{2}$)

(3) 2×19年4月2日,广安公司宣告发放2×18年度的现金股利,共计200万元。(原始凭证见表B-9-3)

(4) 2×19年5月2日,华联公司宣告分配2×18年度的现金股利,总共分配现金股利20万元。(原始凭证见表B-9-4)

(5) 2×19年5月26日,收到华联公司和广安公司发放的现金股利。(原始凭证见表B-9-5 $\frac{1}{2}$ 和表B-9-5 $\frac{2}{2}$)

(6) 2×19年12月31日,2×19年度广安公司实现净利润1 200万元,华联公司实现净利润80万元。(原始凭证见表B-9-6)

(7) 2×20年4月2日,广安公司宣告发放2×19年度的现金股利,总计300万元。(原始凭证见表B-9-7)

(8) 2×20年5月9日,华联公司宣告分配2×19年度的现金股利,总计60万元。(原始凭证见表B-9-8)

(9) 2×20年5月20日,收到广安公司和华联公司的现金股利。(原始凭证见表B-9-9 $\frac{1}{2}$ 和表B-9-9 $\frac{2}{2}$)

(10) 2×20年12月31日,2×20年度广安公司发生净亏损600万元,华联公司实现净利润100万元。大宇轴承有限责任公司预计对广安公司长期股权投资的可收回金额为900万元。(原始凭证表B-9-10 $\frac{1}{3}$ ~表B-9-10 $\frac{3}{3}$)

(11) 2×21年4月20日,华联公司宣告分配现金股利110万元。(原始凭证见表B-9-11)

(12) 2×21年5月9日,收到华联公司分配的现金股利。(原始凭证见表B-9-12)

(13) 2×21年6月1日,广安公司资本公积增加200万元。(原始凭证见表B-9-13)

(14) 2×21年9月3日,大宇轴承有限责任公司与滨江祺瑞有限责任公司(以下简称祺瑞公司)签订协议,将其所持有的广安公司的30%的股权全部转让给祺瑞公司。股权转让协议如下:①股权转让协议在经大宇轴承有限责任公司和祺瑞公司的临时股东大会批准后生效;②股权转让价款总额为1 100万元,协议生效日祺瑞公司支付股权转让价款总额的80%,股权过户手续办理完成时支付股权转让价款总额的20%。(原始凭证见表B-9-14)

(15) 2×21年10月31日,大宇轴承有限责任公司和祺瑞公司分别召开临时股东大会批准了上述股权转让协议。当日,大宇轴承有限责任公司收到祺瑞公司支付的股权转让价款总额的80%。(原始凭证见表B-9-15)

(16) 2×21年11月5日,上述股权转让的过户手续办理完毕。(原始凭证见表B-9-16)

任务A-10 流动负债实训

一、能力目标

1. 能识记《企业会计准则——职工薪酬》《企业会计准则——借款费用》等准则的流动负债实务方面的会计处理规定。
2. 熟悉工资核算等岗位职责,能运用所学知识根据原始凭证分析经济业务,熟练进行企业流动负债实务如短期借款、应付职工薪酬、应交税费、其他应付款等的会计处理。
3. 能运用会计基本理论知识解释流动负债信息生成过程。
4. 能解决流动负债会计处理过程中的常见问题。
5. 能初步具有相应的会计职业判断意识。
6. 能严格按照《企业会计准则》等政策法规要求规范操作。

二、任务描述

1. 根据经济业务资料计算职工薪酬金额,并进行分配。
2. 根据经济业务资料计算本月应交增值税、城建税、教育费附加金额。
3. 根据经济业务资料计算借款利息计提金额。
4. 根据经济业务填制有关原始凭证。
5. 根据实训资料中的原始凭证,填制记账凭证,并将原始单据附于后面。

三、实训资料

大宇轴承有限责任公司于每月月底分配当月发生的工资及按工资一定比例承担的五险一金(养老保险、医疗保险、失业保险、工伤保险、生育保险、住房公积金)。公司发生的职工福利费,应当在实际发生时根据实际发生额计入当期损益或相关资产成本。公司按照职工工资总额的 2% 和 1.5% 计提工会经费和职工教育费用。根据与银行签署的借款协议,短期借款的本金到期后一次偿还,利息分月预提,按季支付。2×21 年 6 月初,"应交税费——应交增值税"账户有借方余额 40 000 元。2×21 年 6 月,有关流动负债业务如下。

(1) 2 日,购进轴承钢(原材料)一批,增值税专用发票上注明价款为 60 000 元,增值税税额为 7 800 元,材料尚未验收入库,大宇轴承有限责任公司签发了一张面值为 67 800 元的 3 个月的银行承兑汇票。(原始凭证见表 B-10-1 $\frac{1}{2}$ 和表 B-10-1 $\frac{2}{2}$)

(2) 10 日,用一批自产产品 SKF 进口轴承对滨江佳通汽车有限责任公司投资,占其注册资本的 5%。该批产品成本为 348 500 元,其市场价格为 410 000 元。公司拟对该项投资长期持有,滨江佳通汽车有限责任公司股份不存在公开交易市场。(原始凭证见表 B-10-2 $\frac{1}{3}$ ~表 B-10-2 $\frac{3}{3}$)

(3) 11 日,向湖南机械有限责任公司销售直线运动轴承 1 250 套,售价总计 200 000 元(不含增值税),已开出增值税专用发票,货款尚未收到。(原始凭证见表 B-10-3)

(4) 15 日,从上海天佑自动化设备有限责任公司购入全自动内孔测量机 5 台,单价 60 000 元。(原始凭证见表 B-10-4 $\frac{1}{3}$ ~表 B-10-4 $\frac{3}{3}$)

(5) 18 日,生产车间员工张明生病,公司派代表去医院慰问,购买保健品 200 元,列支为福利费用。(原始凭证见表 B-10-5 $\frac{1}{2}$ 和表 B-10-5 $\frac{2}{2}$)

(6) 27 日,收取滨江佳通汽车有限责任公司包装物押金 3 000 元。(原始凭证见表 B-10-6 $\frac{1}{2}$ 和表 B-10-6 $\frac{2}{2}$)

(7) 30 日,月末对原料及主要材料进行盘点,轴承钢盘亏 20 千克,电解铜盘亏 150 千克。6 月,轴承钢的材料成本差异率为 1‰,电解铜的材料成本差异率为 -2‰。(原始凭证见表 B-10-7 $\frac{1}{2}$ 和表 B-10-7 $\frac{2}{2}$)

(8) 30 日,核算本月应交增值税。(原始凭证见表 B-10-8)

(9) 30 日,核算本月应交城市维护建设税和教育费附加。(原始凭证见表 B-10-9)

(10) 30 日,分配工资费用和公司承担的五险一金。(原始凭证见表 B-10-10)

(11) 30 日,将本月计提的工会费用、职工教育费用计入成本费用。(原始凭证见表 B-10-11)

(12) 30 日,计提短期借款利息。(原始凭证见表 B-10-12)

四、职业判断

注册会计师吴卫在审计 M 开发公司 2×20 年度会计报表时,发现该公司 2×20 年 6 月与 R 公司签订无形资产使用权转让协议书,将公司的专利技术使用权作价 1 000 万元转让给 R 公司使用;协议规定 R 公司于当年的 6 月 30 日前向 M 开发公司付款 500 万元,余款于次年的年底前付清。无形资产转让手续分两次办理:第一次手续于当年的 11 月 30 日办理完毕;第二次手续目前正在办理中。M 开发公司所做的账务处理如下。

借:银行存款　　　　　　　　　　　　　　　　　　　　　5 000 000
　　贷:其他业务收入　　　　　　　　　　　　　　　　　　　　5 000 000

在审计 M 开发公司的应交税费时,用应税产成品明细账账户的贷方发生额转出数量合计,减去分期发出商品数量,计算出应税产品应销量,对照应销量与应税产品销售收入明细账户的已销量,发现应销量大于已销量。

在审计 M 开发公司销货退回、折让、折扣是否同时冲减应交税费时,查阅了相关的记账凭证,发现 M 开发公司销售给大力公司的钢材不含税金额为 20 000 元,代垫运费 1 000 元,已向银行办妥收款手续,但 8 月因质量不符合要求,大力公司要求退货,M 开发公司收到"拒付理由书""拒收商品通知单"后所做的会计处理如下。

借:银行存款　　　　　　　　　　　　　　　　　　　　　　21 000
　　贷:主营业务收入　　　　　　　　　　　　　　　　　　　　20 000
　　　　销售费用　　　　　　　　　　　　　　　　　　　　　　1 000

于是,注册会计师提请 M 开发公司作相应的会计调整。

借:应交税费——应交增值税(销项税额)　　　　　　　　　2 600
　　贷:银行存款　　　　　　　　　　　　　　　　　　　　　　2 600

依据及相关法规:

1.《企业会计准则》

2.《中华人民共和国增值税暂行条例》

案例思考:

1. 企业转让无形资产如何计交有关税费? 如果没有按税法规定计交有关税费,M 开发公司应做哪些调整处理？

2. 企业出现应销量大于已销量的情况，一般原因是什么？企业是否需要进行会计处理和相关会计报表的调整？

3. 在企业实务操作中，少计或多计增值税的情况主要有哪些？

讨论与分析：

1. 按照税法规定，企业转让无形资产应按向对方收取的全部价款和价外费用（包括向对方收取的手续费、基金、集资款、代收款项、代垫款项及其他各种性质的价外收费）乘以税率缴纳增值税。

根据提供的情况，注册会计师吴卫进一步检查了M开发公司董事会决议及无形资产使用权有偿转让协议，证实了上述交易确实发生。但查阅M开发公司有关纳税申报资料和税务部门汇算清缴确认文件时，发现M开发公司没有按税法规定计交有关税费。注册会计师吴卫提请M开发公司作调整处理补交尚未支付款项及已发生的转让行为的增值税、城市维护建设税和教育费附加。

2. 就反映的问题来看，出现应销量大于已销量的情况，一般是由于企业用于在建工程、集体福利，或是以产品兑换原料、抵偿债务或者混入免税产品的销售收入中。这时注册会计师应注意查阅相关的记账凭证和原始凭证，以证实企业由于领用自己生产的产品用于在建工程等非税项目而少计增值税的情况。

注册会计师在核实应销量后，将应销量乘以销售单价，计算应税销售额，用产品销售总额减去已核实的应税销售额，其差额即确认为免税产品销售额，提请被审计单位进行会计处理和相关会计报表的调整。

3. 在实务操作中，少计或多计增值税的情况主要如下：一是销货退回、折让、折扣是否同时冲减了应交税费；二是虚增销售收入或虚减销售收入时，同时虚增或虚减的应交税费；三是应税和免税产品同时销售时，是否合理分开允许抵扣的进项税额与免税产品不得抵扣的进项税额，导致少计或多计应交税费。

任务 A-11 非流动负债实训

一、能力目标

1. 能识记《企业会计准则——借款费用》《企业会计准则——租赁》《企业会计准则——金融工具确认和计量》等非流动负债实务方面的会计处理规定。

2. 熟悉资金管理岗位职责，能运用所学知识根据原始凭证分析经济业务，熟练进行长期借款业务的会计处理，并初步能进行应付债券、长期应付款业务的会计处理。

3. 能运用会计基本理论知识解释非流动负债实务信息生成过程。

4. 能解决非流动负债会计处理过程中的常见问题。

5. 能初步具有相应的会计职业判断意识。

6. 能严格按照《企业会计准则》等政策法规要求规范操作。

二、任务描述

1. 根据经济业务资料计算债券利息费用及折价摊销金额。
2. 根据经济业务填制有关原始凭证。
3. 根据实训资料中的原始凭证,填制记账凭证,并将原始单据附于后面。

三、实训资料

大宇轴承有限责任公司为了建造新的锻压生产线于2×17年12月31日发行公司债券筹集资金,有关资料如下。

(1) 2×17年11月30日,委托信达证券有限责任公司以7 800万元的价格发行3年期分期付息公司债券,该债券面值为8 000万元,票面年利率为4.5%,每年付息一次,到期后按面值偿还。根据债券发行承销协议书,信达证券有限责任公司收取45万元承销费,从发行款中扣取。2×17年12月31日,发行结束,信达证券有限责任公司将7 755万元汇入大宇轴承有限责任公司账户。债券实际年利率为5.64%。(原始凭证见表B-11-1 $\frac{1}{2}$ 和表B-11-1 $\frac{2}{2}$)

(2) 2×18年1月1日,锻压生产线采用出包方式建造,预付工程款4 000万元。(原始凭证见表B-11-2)

(3) 2×18年12月31日,计提债券利息、摊销债券发行折价。(原始凭证见表B-11-3)

(4) 2×19年1月10日,支付利息。(原始凭证见表B-11-4)

(5) 2×19年12月31日,锻压生产线达到预定可使用状态,办理竣工验收手续,支付剩余工程款4 200万元。(原始凭证见表B-11-5 $\frac{1}{2}$ 和表B-11-5 $\frac{2}{2}$)

(6) 2×19年12月31日,计提债券利息、摊销债券发行折价。(原始凭证见表B-11-6)

(7) 2×20年1月10日,支付利息。(原始凭证见表B-11-7)

(8) 2×20年12月31日,计提债券利息、摊销债券发行折价。(原始凭证见表B-11-8)

(9) 2×21年1月10日,支付本金及2×20年利息。(原始凭证见表B-11-9)

四、职业判断

Q公司在深交所挂牌上市,注册会计师在审计Q公司2×20年度会计报表时,发现公司2×20年为A项目工程发生的借款利息及应付债券利息为8 064万元。

A项目为国家重点项目,工程于2×15年1月破土动工,2×18年6月完成主体工程建设,8月投料试生产,11月生产出产品,并经国家指定检验部门检测,质量达到国家标准。由于产品设备装置还不够完善和当时缺乏流动资金及与某公司合资谈判的需要,公司自2×19年3月起停车整改,直至2×20年7月开始批量生产。

注册会计师在审计中发现并认为:从该事项的经济实质来看,工程既已投入使用,而且能够生产合格产品,创造效益,说明该工程已经达到预定可使用状态;而 2×20 年发生的借款利息及应付债券利息 8 064 万元,Q 公司将其资本化计入了 A 项目工程成本,应调整计入财务费用。而 Q 公司则认为:A 项目不同于一般的基建项目。一方面,A 项目产品不同于普通商品,对各项技术指标的要求非常严格,需要通过反复试生产,逐步调整质量、消耗等指标,直到生产出合格的产品才能投放市场,而试生产期间的试产品性能不稳定,是不能投放市场的;另一方面,原料的腐蚀性很强,一旦停工,就会淤积于管道、容器中,再次开车前,就必须进行彻底的清洗、维护,并调试设备。因此,A 项目交付使用进入投资回报期、产生效益前,还有一个过渡期,即整改和试生产期间,这仍属于工程在建期。因此,项目建设期的借款利息及应付债券利息 8 064 万元理应资本化计入 A 项目工程成本。

依据及相关法规:
1.《企业会计准则——借款费用》
2.《企业会计准则——固定资产》

案例思考:
注册会计师认为借款利息及应付债券利息 8 064 万元不能计入 A 项目工程成本,而应该计入财务费用的依据是什么?会计师事务所要求 Q 公司对这一笔关于利息费用的会计事项必须调整的决定是否合理?

讨论与分析:
注册会计师认为:根据《企业会计准则——借款费用》,当所购置或建造的固定资产达到预定可使用状态时,应当停止其借款费用的资本化,以后发生的借款费用计入当期损益。从 Q 公司该项交易的经济实质来看,A 项目工程于 2×15 年 1 月破土动工,2×18 年 6 月完成主体工程建设,8 月投料试生产,11 月生产出产品,并经国家指定检验部门检测,质量达到国家标准,说明该工程已达到预定可使用状态。且公司在 2×18 年年报中指出:"公司 2×18 年度的建设项目主要反映为已于 2×18 年 6 月竣工并试车投产成功的 A 项目工程的建设,A 项目的建设已于本年度全部完成。"所以工程应当被判定为已经完工交付使用,按照"实质重于形式"原则,2×20 年有关 8 064 万元利息费用应当停止资本化,作为财务费用计入当期损益。

至于工程未能达到设计生产能力,并非"工程未完工"所致,其主要原因是缺乏流动资金。公司 2×16—2×20 年年报如表 A-11-1 所示。

表 A-11-1　　　　　　　公司近几年营运资金分析情况表　　　　　　　单位:元

年 份	流动资产合计	流动负债合计	营运资金
2×16	118 114 544	215 446 839	−97 332 295
2×17	190 005 596	59 389 939	130 615 657
2×18	73 511 701	69 300 046	4 211 655
2×19	80 657 387	146 985 572	−66 328 185
2×20	82 938 364	915 200 174	−832 261 810

由此可见,该公司的流动资金在 2×20 年时严重不足,因此在批量生产时远远满足不了 A 项目设计要求的产量对流动资金的需求。

另外,由公司 2×19 年年报和 2×20 年年报可知,2×19 年其已出现 1 000 多万元的亏损,而2×20年在未对该笔利息费用进行调整的情况下,又出现了3 136万元的亏损,可见这笔利息费用不管是否调整,公司当年都属于亏损,只不过是亏多亏少的问题。所以表面上这一笔利息费用如何处理,对公司来说似乎并不重要。但实际上,如果这笔8 064万元的会计事项按公司会计处理方法,公司最多只是一般性的亏损,但如按照会计师事务所的方法来处理,对该会计事项调整之后,2×20年亏损额则高达11 200万元,而现有的股东权益仅为3 290万元,与其原有的注册资本13 000万元相比,仅剩下25%左右,这样,其持续经营的能力就值得怀疑,整个公司就将资不抵债,则属于另一种性质的亏损了。因而,这一笔业务的处理就显得非常重要。对会计报表使用者来说,作为证券市场的投资者,他们投资证券的意图是非常明确的,即试图通过证券市场获得利益。如果上述会计事项不调整,就会严重误导依赖财务报表进行投资决策的证券投资者。因此,从各方面因素来考虑,会计师事务所的决定是相对合理的。

任务 A-12 收入和费用实训

一、能力目标

1. 能识记收入、费用、政府补助和利润会计业务的基本理论和知识。
2. 熟悉收入、费用和利润核算岗位职责,能运用所学知识根据原始凭证分析经济业务,熟练进行销售商品收入、期间费用、政府补助、营业外收支实务的会计处理。
3. 能运用会计基本理论知识解释收入、费用和利润信息生成过程。
4. 能解决收入、费用和利润会计处理过程中的常见问题。
5. 能初步具有相应的会计职业判断意识。
6. 能严格按照《企业会计准则》等政策法规要求规范操作。

二、任务描述

1. 根据经济业务资料计算代销手续费、代销商品收入和成本金额。
2. 根据经济业务填制有关原始凭证。
3. 根据实训资料中的原始凭证,填制记账凭证,并将原始单据附于后面。

三、实训资料

2×21年8月,大宇轴承有限责任公司发生以下业务。

(1) 8月2日,向滨江佳通汽车有限责任公司销售SKF进口轴承(6308)2 000套,单价为每套105元,约定的付款条件为2/10,n/20(不考虑增值税)。(原始凭证见表B-12-1$\frac{1}{2}$

和表 B-12-1 $\frac{2}{2}$）

（2）8月3日，委托华浙商厦有限责任公司代销直线运动轴承1 000套，协议价为每套190元，由华浙商厦有限责任公司自行确定对外销售价格。（原始凭证见表 B-12-2 $\frac{1}{2}$ 和表 B-12-2 $\frac{2}{2}$）

（3）8月4日，委托华浙商厦有限责任公司代销 SKF 进口轴承（6308）1 000套，协议价为每套110元，按代销商品售价的10%支付代销手续费。（原始凭证见表 B-12-3 $\frac{1}{2}$ 和表 B-12-3 $\frac{2}{2}$）

（4）8月5日，购买印花税票，以现金支付。（原始凭证见表 B-12-4）

（5）8月8日，向滨江绿野园林有限责任公司支付绿化费3 000元。（原始凭证见表 B-12-5 $\frac{1}{2}$ 和表 B-12-5 $\frac{2}{2}$）

（6）8月11日，收到滨江佳通汽车有限责任公司签发的转账支票支付的货款。滨江佳通汽车有限责任公司收到产品，发现有少量残次品，经协商，公司同意在原约定价格基础上给予5%折扣。（原始凭证见表 B-12-6 $\frac{1}{3}$～表 B-12-6 $\frac{3}{3}$）

（7）8月15日，向顺达金属制品有限责任公司销售电解铜300千克，单价为每千克45元，收到面值为15 255元的3个月银行承兑汇票一张。（原始凭证见表 B-12-7 $\frac{1}{3}$～表 B-12-7 $\frac{3}{3}$）

（8）8月16日，总经理办公室报销业务招待费5 000元，以现金支付。（原始凭证见表 B-12-8）

（9）8月17日，向滨江恒美广告设计有限责任公司支付产品包装设计费用5 300元。（原始凭证见表 B-12-9）

（10）8月18日，湖南机械有限责任公司要求退回7月20日购买的直线运动轴承500套，单价为每套180元。经查明退货原因系发货错误，公司同意退货，并办理退货手续和开具红字增值税专用发票。（原始凭证见表 B-12-10 $\frac{1}{2}$ 和表 B-12-10 $\frac{2}{2}$）

（11）8月20日，收到湖南机械有限责任公司退回的货物。（原始凭证见表 B-12-11）

（12）8月31日，收到华浙商厦有限责任公司代销清单，销售直线运动轴承300套、SKF 进口轴承（6308）450套。公司根据代销清单开具了增值税专用发票，并于当日收到了代销款项。（原始凭证见表 B-12-12 $\frac{1}{4}$～表 B-12-12 $\frac{4}{4}$）

四、职业判断

【案例一】 2×17年，F公司拟与一家大型娱乐公司V公司的子公司合作建立一个合资企业，开发电影自动售票服务及硬件系统。这项合作因故失败，产生的纠纷被提交仲裁。4年后,F公司在仲裁中获胜,向V公司收取2 280万美元的仲裁收入外加400万美元的罚息,将这笔收入转做广告收入。

【案例二】 H公司2×19年发生广告费41 767 471元,2×20年1—6月发生广告费61 474 834.40元。2×19年和2×20年,公司将大额广告费均列入"长期待摊费用"科目,采用分3年摊销的会计处理方法,其中2×19年度广告费摊销额为3 480 622.58元,2×19年度每股收益为0.366元;2×20年度广告费摊销额为28 760 459元,2×20年度每股收益高达1.02元。

在2×21年8月27日H公司董事会公告中明确指出:2×20年半年报对广告费采取分期摊销的做法,可能使本公司在未来经营期内承担一定的压力,给未来的生产经营提出了更高的要求。

依据及相关法规:
《企业会计准则——收入》

案例思考:
1. 案例一中,F公司将法律纠纷仲裁收入和罚息转做广告收入的做法是否合理?如何区分营业收入和营业外收入?
2. 案例二中,H公司将大额广告费支出列入"长期待摊费用"核算,是否符合现行企业会计准则?

讨论与分析:
1. 根据《企业会计准则》,法律纠纷收入与违约金一样,应当属于营业外收入,因为它们不属于正常核心经营活动所创造的现金流入。尽管营业收入和营业外收入都会增加利润,但它们的分量迥然不同。在分析评价和预测企业核心赢利能力与现金流量创造能力时,一般只关注具有可持续性特征的营业收入,而很少关注营业外收入,因为营业外收入具有偶然性和不可预测性。

在具体区分营业收入和营业外收入时,要根据企业的性质来判断,广告收入一直是F公司的主营业务收入,如果混淆营业收入和营业外收入,会影响对企业赢利能力和现金流量创造能力的判断。F公司将法律纠纷仲裁收入和罚息包装成广告收入的做法,不外是美化业绩,突出主业,捏造主营业务蒸蒸日上的假象。

2. 根据相关会计准则和会计制度对广告费的会计处理方法的规定与一般惯例,公司对这笔广告费的会计处理上有不当之处。

《企业会计准则》规定,期间费用应当在发生时直接计入当期损益。企业为扩大其产品或劳务的影响而在各种媒体上做广告宣传所发生的广告费,应于相关广告见诸媒体时作为期间费用直接计入当期营业费用,不得预提和待摊。因为广告虽可为企业取得长期的效益,但很难确定哪个会计期间获得了多少效益,因此只能立即确认。

而"长期待摊费用"适合于那些支出在先、收益在后的费用,其确认是按其效用发挥的程度分批进行的,未确认的部分待效用发挥时再确认。一般认为,广告效应很难量化,失败的广告甚至可能带来负面效应;即使广告带来的正面效应可以量化,其受益期间也难以确定,收入和费用难以配比。因此从稳健性原则出发,广告费宜在发生时一次性计入当期营业费用。

在广告效用不确定的情况下,H公司却采用了高估收益、低估费用的做法。可见H

公司将巨额广告费纳入"长期待摊费用"的做法是不符合谨慎性原则的。

此外，尽管营业利润在利润表上只是一项中间小计，但它经常被看作衡量管理者经营资产能力的最佳标准。经营利润不受利得和损失、所得税以及其他非经常项目的影响，许多投资者倾向于使用营业利润来更为清晰地估算企业的赢利趋势。因此，H 公司如此大额的广告费，无疑会对企业的利润和融资能力带来不小的冲击，所以 H 公司采用分 3 年摊销的会计处理方法。H 公司通过广告费资本化和递延处理，使 2×19 年、2×20 年两个年度的利润增加，每股收益增加。H 公司违背现行会计准则，将大额广告费列入"长期待摊费用"科目，实现费用的资本化，并自行调整摊销额，增大了企业操纵利润的空间，随意虚增净利润，有操纵利润的嫌疑。

任务 A-13 实收资本实训

一、能力目标

1. 能识记所有者权益实务会计处理的有关规定。
2. 熟悉资本、资金核算岗位职责，能运用所学知识根据原始凭证分析经济业务，熟练进行各种组织形式下实收资本（股本）、资本公积的会计处理。
3. 能运用会计基本理论知识解释所有者权益信息生成过程。
4. 能解决所有者权益会计处理过程中的常见问题。
5. 能初步具有相应的会计职业判断意识。
6. 能严格按照《企业会计准则》等政策法规要求规范操作。

二、任务描述

1. 根据经济业务资料计算公司实收资本增减变动金额。
2. 根据经济业务填制有关原始凭证。
3. 根据实训资料中的原始凭证，填制记账凭证，并将原始单据附于后面。

三、实训资料

大宇轴承有限责任公司自 2×16 年成立以来，涉及实收资本变动的经济业务如下。（当月取得的增值税专用发票均于当月勾选确认）

（1）2×16 年 1 月 1 日，滨江万达机械有限责任公司和滨江安华金属有限责任公司投资设立大宇轴承有限责任公司，注册资本 500 万元。滨江万达机械有限责任公司以货币资金出资 300 万元，占注册资本的 60%；滨江安华金属有限责任公司以一批存货出资，协议价值为 50 万元，以货币资金出资 143.5 万元，占注册资本的 40%。（原始凭

证见表 B-13-1 $\frac{1}{7}$ ~表 B-13-1 $\frac{7}{7}$)

(2) 2×19 年 7 月 1 日,公司与上海天佑自动化设备有限责任公司达成债务重组协议,上海天佑自动化设备有限责任公司将其对公司应收货款 60 万元转为对公司的投资,占公司 50 万元注册资本。(原始凭证见表 B-13-2)

(3) 2×20 年 1 月 1 日,大股东滨江万达机械有限责任公司以一批设备对公司追加投资,设备评估价值为 113 万元(含增值税),占公司注册资本 100 万元。(原始凭证见表 B-13-3 $\frac{1}{3}$~表 B-13-3 $\frac{3}{3}$)

(4) 2×21 年 3 月 1 日,公司股东会审议通过以 50 万元资本公积和 50 万元盈余公积转增资本。(原始凭证见表 B-13-4)

四、职业判断

【案例一】2×20 年,W 公司注册资本为 12 亿元人民币,谷海以 10.8 亿元出资额拥有 90%的股权,包括以 1.8 亿元的货币和 9 亿元的知识产权出资。谷海的父亲以货币出资 1.2 亿元拥有 10%的股权。当月,W 公司收购 N 公司 20.6%的股权。

2×21 年 5 月 14 日,谷海从 N 公司划拨 1.87 亿元资金到 B 公司的账户上,当日 B 公司与 W 公司发生数额为 1.8 亿元、1.7 亿元、1.6 亿元、1.5 亿元的四笔资金对倒,合计放大为 6.6 亿元。谷海将 6.6 亿元作为 B 公司对 W 公司的现金出资。同时,谷海及其父亲原享有的货币出资 3 亿元也转给 B 公司。随后,W 公司变更工商登记,B 公司以货币出资 9.6 亿元人民币拥有 80%股权,谷海则以其专利投入享有 20%股权。

【案例二】D 公司于 2×19 年成立,公司最初注册资本为 2 400 万美元,股东为 B 公司(同上)和 C 公司。两公司均为谷海私人所有的公司。前者以现金 1 080 万美元入股,后者以 120 万美元现金加一项专利入股,专利估值 1.26 亿元人民币(折合 1 521 万美元),其中 1 200 万美元作为注册资本。

一年后,D 公司控股的专利被再度估值为 5.32 亿元人民币,作为谷海个人出资,注入 2×20 年 6 月成立的 Z 公司。

D 公司创立不久,第三家股东进入。这家股东为 S 公司,为谷海私人公司。2×19 年 9 月,这家公司获得 2 378 亩熟地,S 公司一次付清 476 万元土地出让金。当年 1 月,上述土地被估值为 4.71 亿元人民币,折合 5 689 万美元,其作为 S 公司对 D 公司的注资,其中 5 100 万美元作为实收资本。

2×21 年 7 月,D 公司再次增资,新增资本来自 C 公司,其同样以一项专利折资入股,作价 2 000 万美元,全部作为注册资本注入。

依据及相关法规:
1.《中华人民共和国公司法》
2.《企业会计准则》
3.《中国注册会计师审计准则第 1602 号——验资》

案例思考：

1. 案例一中 W 公司的出资存在什么问题？为什么要变更工商登记？如果你是一个注册会计师，通过哪些审计手段可以查出这些错弊？

2. 案例二中，经过两次增资后，最终 D 公司的实收资本和资本公积分别是多少？站在市场监管者的立场，你认为 D 公司资本扩张过程中有哪些不合法以及合法但不合理的地方？

3. 实收资本对于公司的意义何在？谷海为什么要在 W 公司、D 公司的实收资本上做文章？

4. 在案例一及案例二中，你觉得 W 公司、D 公司资本扩张中出现的问题，相关责任应该由谁来承担？

5. 案例一及案例二对你未来的职业生涯有何启示？

讨论与分析：

1. （1）W 公司股东出资存在以下问题。

① 专利权出资比例不符合《公司法》规定。根据我国《公司法》规定，无形资产出资比例不得超过注册资本的 20%。而 2×20 年 W 公司初始注册时，知识产权的出资比例达到注册资本的 75%，远远超过《公司法》规定的比例。

② B 公司存在虚假出资行为。2×21 年 5 月 14 日，W 公司为了解决知识产权的出资比例不合法的问题，通过以 B 公司的货币出资置换谷海的知识产权出资，并进行了变更登记。《公司法》规定，股东应当足额缴纳各自所认缴的出资额。但在谷海的操纵下，B 公司对 W 公司的货币出资 6.6 亿元根本没有实际到位，是利用资金对倒放大实际出资额以骗取注册。因此，W 公司在变更注册中存在严重的虚假出资行为。

（2）如果我是一名注册会计师，通过以下审计手段可以查出以下问题。

① 索取公司章程、营业执照，查阅关于出资方式、出资金额的规定。

② 检查出资额是否经过验资，索取并查阅初始登记和变更登记的验资报告。

③ 对出资期间的资金往来应特别予以关注，核对出资期间的银行存款账和银行对账单，检查该期间大额银行存款往来是否存在异常情况，并追查原因。

通过以上审计手段，可发现无形资产出资比例不合规定以及利用资金对倒虚假出资等问题。

2. （1）D 公司经过两次增资后，其实收资本为 9 500（2 400＋5 100＋2 000）万元，资本公积为 910（321＋589）万元。

（2）站在市场监管者的立场，我们认为 D 公司资本扩张过程中有以下不合法之处。

① D 公司设立注册时，专利权出资占注册资本的比例达到 50%，超过《公司法》规定的 20%。增资后，全部注册资本中专利权出资作价 8 300 万元，实际现金出资仅为 1 200 万元，专利权出资比例达到 87.4%，大大超过《公司法》规定的 20%。

② 同一专利重复出资，可能没有办理产权转让手续。根据《公司法》的规定，股东以实物、工业产权、非专利技术出资的，应当依法办理其财产权的转移手续。C 公司的出资包含专利，而一年后，这项专利被再度估值为 5.32 亿元人民币，作为谷海个人出资，注入 2×20 年 6 月成立的 Z 公司。由此推断，相关专利在出资时可能没有办理产权

转让手续。

(3) 根据案例资料，我们认为 D 公司资本扩张过程中还存在以下合法但不合理之处。

① 作为 S 公司出资的土地使用权取得时仅花费 476 万元，而出资时评估作价 4.71 亿元，两个月内升值 100 倍，明显存在高估嫌疑。

② 专利权评估存在高估的可能。我国《公司法》规定："对作为出资的实物、工业产权、非专利技术或土地使用权，必须进行评估作价，核实财产，不得高估或低估作价。"而我国《企业会计制度》规定，投资者以非现金资产投入的资本，应按投资各方确认的价值作为实收资本入账。由于我国的资产评估市场还不规范，而 D 公司出资方都属于同一系，土地使用权、专利评估作价可以自己说了算，这样，谷海就名正言顺地利用资产评估达到了其虚增注册资本的目的。

3. 首先，实收资本的大小直接决定公司的债务融资能力。在公司制下，股东以其出资额为限对公司承担有限责任。也就是说，一旦公司破产，债权人只能对公司实体的资产行使要求权，而不能追及股东个人的资产。实收资本是所有者投入资本中的最稳定的部分，其减少受到严格的限制，因此对债权人而言是最基本的保障。实收资本的大小直接影响公司的债务融资能力，实收资本越大，债权人的风险就越小，公司进行债务融资的能力就越强。实收资本越小，债权人的风险就越大，公司进行债务融资的能力就越弱。谷海之所以千方百计虚增 W 公司、D 公司的实收资本，就是为了搭建更多更大的资本运作平台，为其争取更多的银行融资服务。

其次，实收资本的大小也代表了企业的规模和实力。事实证明，W 公司、D 公司的外资背景、庞大的注册资本规模在获取地方政府的信任、争取优质项目资源和优惠政策中发挥了重要作用，使谷海收购其他企业的计划得以顺利实现。

4. 首先，在本案例中，两家公司的股东违反《公司法》关于公司股东交付出资的相关规定，应承担相应法律责任。《公司法》第二百条规定："公司的发起人、股东虚假出资，未交付或者未按期交付作为出资的货币或者非货币财产的，由公司登记机关责令改正，处以虚假出资金额百分之五以上百分之十五以下的罚款。"若相关行为触犯《刑法》，相关责任人应负刑事责任。《刑法》第一百五十九条规定："公司发起人、股东违反公司法的规定未交付货币、实物或者未转移财产权，虚假出资，或者在公司成立后又抽逃其出资，数额巨大、后果严重或者有其他严重情节的，处五年以下有期徒刑或者拘役，并处或者单处虚假出资金额或者抽逃出资金额百分之二以上百分之十以下罚金。"

其次，我们还应清醒地看到，在本案例中，除了谷海及其公司应承担法律责任外，也暴露出中介机构和某些行政管理部门的工作存在很多缺陷，甚至触犯了法律，具体如下。

(1) 如果有证据表明本案例中的土地使用权、专利权评估确实存在提供虚假评估结果的情况，相关资产评估机构应承担法律责任。《公司法》第二百零八条规定："承担资产评估、验资或者验证的机构提供虚假材料的，由公司登记机关没收违法所得，处以违法所得一倍以上五倍以下的罚款，并可以由有关主管部门依法责令该机构停业、吊销直接责任人员的资格证书，吊销营业执照。"

(2) 负责为两家公司验资及年报审计的注册会计师分别在验资和审计过程中存在重

大失误或过错,他们均应承担相应的法律责任。

(3) 工商管理部门在工商登记注册管理中,在专利权出资比例、专利权转让等问题上未尽审查职责,也应承担相应责任。《公司法》第二百零九条规定:"公司登记机关对不符合本法规定条件的登记申请予以登记,或者对符合本法规定条件的登记申请不予登记的,对直接负责的主管人员和其他直接责任人员,依法给予行政处分。"

5. 虽然还不能肯定将来会从事哪一类职业,但本案例对于我们有很多值得借鉴的地方。如果我们成为企业会计人员,首先要明确自己的岗位职责,严格遵守《会计法》的规定。如果遇到像谷海这样的老板,还要有自我保护意识,谨防被人利用。

任务 A-14 利润及利润分配实训

一、能力目标

1. 能识记利润及利润分配实务会计处理的有关规定。
2. 熟悉资本、资金核算岗位职责,能运用所学知识根据原始凭证分析经济业务,熟练进行各种组织形式下利润分配的会计处理。
3. 能运用会计基本理论知识解释所有者权益信息生成过程。
4. 能解决所有者权益会计处理过程中的常见问题。
5. 能初步具有相应的会计职业判断意识。
6. 严格按照《企业会计准则》等政策法规要求规范操作。

二、任务描述

1. 根据经济业务资料计算应纳税所得额和应交所得税。
2. 根据经济业务填制有关原始凭证。
3. 根据实训资料中的原始凭证,填制记账凭证,并将原始单据附于后面。

三、实训资料

大宇轴承有限责任公司本年利润结转方法采用的是表结法,在年末将本年损益类账户的累计发生额结转"本年利润"账户。2×20年适用的企业所得税税率为25%,公司每月按会计利润计算应交所得税,并确定所得税费用,年底根据所得税汇算清缴再进行调整。公司预计会持续赢利,以后年度能够获得足够的应纳税所得额。公司2×20年年初递延所得税资产及负债的金额均为0。公司2×20年全年累计发生的损益情况如表 A-14-1 所示。

表 A-14-1　　　　　　　公司 2×20 年全年累计发生的损益情况表　　　　　　　单位：元

账户名称	全年累计实现金额（贷）	账户名称	全年累计发生金额（借）
主营业务收入	8 000 000.00	主营业务成本	5 000 000.00
其他业务收入	700 000.00	其他业务成本	400 000.00
公允价值变动损益	150 000.00	税金及附加	80 000.00
投资收益	600 000.00	销售费用	500 000.00
营业外收入	60 000.00	管理费用	770 000.00
		财务费用	200 000.00
		资产减值损失	100 000.00
		营业外支出	200 000.00
		所得税费用	565 000.00
合　计	9 510 000.00	合　计	7 815 000.00

说明：①投资收益中包含国库券利息收入 5 万元；②营业外支出中包含违规经营行政罚款 1 万元；③公允价值变动损益为本期交易性金融资产公允价值变动；④资产减值损失为 2×20 年存货发生的减值；⑤大宇轴承有限责任公司公司章程规定按税后利润的 10% 提取法定盈余公积，5% 提取任意盈余公积；⑥年初未分配利润为借方余额 20 万元。

大宇轴承有限责任公司 2×20 年和 2×21 年发生以下业务。

（1）2×20 年 12 月 31 日，计算应纳税所得额和应交所得税，编制调整所得税费用的会计分录。（原始凭证见表 B-14-1）

（2）2×20 年 12 月 31 日，结转损益类账户本年累计发生额至"本年利润"账户。（原始凭证见表 B-14-2）

（3）2×20 年 12 月 31 日，结转"本年利润"。

（4）2×20 年 12 月 31 日，根据公司章程规定提取法定盈余公积和任意盈余公积。（原始凭证见表 B-14-3）

（5）2×20 年 12 月 31 日，结转利润分配。（原始凭证见表 B-14-4）

（6）2×21 年 3 月 2 日，根据股东会决议分配 2×20 年利润。（原始凭证见表 B-14-5）

任务 A-15　财务会计综合实训

一、能力目标

1. 以职业岗位能力为导向，具有良好的会计职业道德以及初步具有会计职业判断意识及能力。
2. 能识记企业日常会计实务中涉及的会计基础理论知识。
3. 熟悉企业会计核算岗位职责，能运用所学知识根据原始凭证分析经济业务，熟练进行一般企业日常经济业务的会计处理。
4. 能运用会计基本理论知识解释资产负债表和利润表项目的信息生成过程。

5. 能运用知识分析解决企业日常会计处理过程中的常见问题。
6. 能严格按照《企业会计准则》等政策法规要求规范操作。
7. 以初级会计专业技术资格证书为标志，为职业生涯的可持续发展做准备。

二、任务描述

1. 建账。根据实训资料所提供的相关内容，设置相关的会计科目，并在此基础上开设总分类账户、明细分类账户和现金日记账、银行存款日记账，按规定设置专栏。并将期初余额记入所设置的相关账户的余额栏内，摘要栏填写"期初余额"。

2. 审核或填制原始凭证。根据提供的资料逐笔审核原始凭证或原始凭证汇总表，需填制的原始凭证或原始凭证汇总表根据资料进行填制。

3. 编制记账凭证。根据审核无误的原始凭证或原始凭证汇总表，编制记账凭证。

4. 登记日记账、明细账。根据有关记账凭证及所附原始凭证逐日逐笔按规定序时登记现金日记账、银行存款日记账，逐日结出现金余额、银行存款余额，以示日清月结。根据有关记账凭证及所附原始凭证或原始凭证汇总表，顺序登记有关明细账。

5. 编制科目汇总表。汇总每一个会计科目的借方发生额和贷方发生额，编制科目汇总表。

6. 登记总账。根据编制的科目汇总表，登记相关的总分类账。

7. 对账。根据已经登记总账的期初余额、本期发生额及期末余额编制总账余额试算平衡表，并在此基础上将总账与其所属明细账进行核对。

8. 结账。按规定结出有关账户的发生额与余额，并做出结账标记。

9. 编制会计报表。编制12月的资产负债表、12月的利润表与12月的现金流量表。现金流量表本为年度报表，但因月度现金流量表和年度现金流量表在编制原理和方法上并无区别，为简化实训，故现仅以公司12月的业务为例，编制该公司12月的现金流量表。

10. 整理归档。对所编制的会计凭证、会计报表进行加具封面，装订成册等归档整理工作。

三、实训资料

（一）模拟企业概况

企业名称：浙江荣发物资有限责任公司
地址：浙江省杭州市创新路188号
联系电话：0571-88008666
法定代表人：李一
注册资金：人民币壹仟零贰拾捌万元整（其中国家股占55%，法人股占25%，社会股占20%）
出纳：陈蓝
会计：郑萍

财务经理:周刚

企业类型:工业企业

经营范围:大型设备配件

纳税人登记号:91330208830020288K

企业代码:2121030104

开户银行:中国工商银行杭州市创新支行

账号:95588320012600046

(二)模拟企业生产工艺流程简介

浙江荣发物资有限责任公司是一家专业制造某大型设备配套件的生产企业。按订单当月投料,当月完工,当月销售,一般月末无在制品和库存产品。材料按实际成本核算。系增值税一般纳税人,假设购进货物取得的均为增值税发票。由于产品较单一,故库存商品和主营业务成本按总账科目核算。

(三)模拟企业财务会计制度简介

1. 流动资产

(1)库存现金限额为25 000元。

(2)开户行及账号:工商银行杭州市创新支行95588320012600046。

(3)期末计提坏账准备,采用账龄分析法并结合个别认定法,假设企业只对应收账款计提坏账准备。

2. 固定资产

提取折旧采用平均年限法,房屋建筑物折旧期限为50年,机械设备为10年,运输工具为5年,电子设备及其他为5年,假设所有固定资产均不计残值。

3. 产品成本核算

产品成本核算采用逐步结转分步法。

4. 资产减值准备

资产负债表日提取各项资产减值准备。

5. 税费

(1)增值税。该企业为一般纳税人,增值税税率为13%。

(2)城市维护建设税。以企业实际缴纳的增值税、消费税的税额为计征依据,税率为7%。

(3)教育费附加。以企业实际缴纳的增值税、消费税的税额为计征依据,税率为3%。

(4)企业所负担的房产税、车船税、城镇土地使用税、印花税、关税等根据国家税法规定计提缴纳。

(5)所得税。所得税费用的计算采用资产负债表债务法,所得税税率为25%。按照税法规定,不符合国务院财政、税务主管部门规定的各项资产减值准备不允许税前扣除。假设企业年初递延所得税资产、负债余额为零。企业预计在未来期间有足够的应纳税所得额用于抵扣可抵扣暂时性差异。

6. 职工薪酬

企业所计提的职工养老保险金、职工工伤保险金、职工失业保险金、职工住院医疗保险金和职工住房公积金分别按企业核准的全员工资总额的20%、1%、2%、10%和10%计算。企业所计提的职工工会经费和职工教育经费分别按企业核准的全员工资总额的2%计算。

7. 利润分配

（1）法定盈余公积提取比例为10%。

（2）应付给投资者的利润，按当年可供分配利润的80%计算。

8. 企业的核算形式

采用科目汇总表核算形式。每月15日和最后一日编制科目汇总表，并登记总账。

（四）模拟企业会计资料

1. 期初账户余额

浙江荣发物资有限责任公司20×1年12月1日各账户余额明细汇总表，如表A-15-1所示。

表A-15-1　　　浙江荣发物资有限责任公司各账户余额明细汇总表

20×1年12月1日　　　　　　　　　　　　　　　　　单位：元

账户代码	账户名称	账户期初借方余额	账户期初贷方余额
1001	库存现金	21 231.41	
1002	银行存款	4 647 181.88	
100201	工商银行	4 647 181.88	
1012	其他货币资金	11 015 000.00	
101201	保证金账户	11 015 000.00	
10120101	工商银行	11 015 000.00	
1121	应收票据	12 030 000.00	
1122	应收账款	15 792 616.86	
112201	杭州万方有限责任公司	10 759 499.16	
112202	杭州全通有限责任公司	4 349 164.94	
112203	哈尔滨宏远有限责任公司	229 077.11	
112204	苏州润发有限责任公司	454 875.65	
1123	预付账款	2 429 342.50	
112302	杭州诚达有限责任公司	2 429 342.50	
1221	其他应收款	43 047.72	
122101	备用金	43 047.72	
1231	坏账准备	−1 222 707.10	
1402	在途物资	5 041 661.08	
1403	原材料	35 265 422.34	
1406	库存商品	39 120 584.14	
1471	存货跌价准备	−6 279 449.21	
1601	固定资产	12 507 180.69	
160101	生产用固定资产	12 507 180.69	

续表

账户代码	账户名称	账户期初借方余额	账户期初贷方余额
1602	累计折旧	−7 947 545.98	
1604	在建工程	16 696 848.28	
160401	起重设备	16 696 848.28	
2001	短期借款		20 000 000.00
200101	工商银行		20 000 000.00
2201	应付票据		24 245 100.00
2202	应付账款		5 752 572.19
220201	东方钢管制造有限责任公司		4 298 575.78
220202	凌云钢管制造有限责任公司		137 180.60
220203	江苏红星轻合金有限责任公司		1 105 320.43
220204	通远特种铝业有限责任公司		211 495.38
2203	预收账款		90 210.99
220301	杭州外海有限责任公司		90 210.99
2211	应付职工薪酬		509 428.99
221101	工资		357 360.02
221103	职工教育经费		12 351.30
221106	住房公积金		139 717.67
2221	应交税费		271 748.97
222102	未交增值税		4 206.70
222102	应交所得税		149 441.45
222103	应交城建税		294.47
222104	应交教育费附加		210.33
222105	应交水利建设专项基金		112 741.67
222106	应交印花税		4 854.35
2241	其他应付款		4 456 801.29
224103	其他		4 444 449.99
2711	专项应付款		24 118 532.62
4001	实收资本		13 480 000.00
4002	资本公积		9 786 099.99
4101	盈余公积		6 020 703.78
410101	法定盈余公积		3 948 521.33
410102	一般盈余公积		2 072 182.45
4103	本年利润		6 414 135
4104	利润分配		24 015 100.79
410401	未分配利润		24 015 100.79
合计		139 160 434.61	139 160 434.61

2. 公司20×1年12月发生的经济业务

当月取得的增值税专用发票均于当月认证。

(1) 12月9日,向江苏久长不锈钢有限责任公司购入一批钢材,增值税专用发票上注明的价款为2 591 819.41元,增值税税额为336 936.52元,款项用支票支付。(原始凭证

见表 B-15-1 $\frac{1}{2}$ 和表 B-15-1 $\frac{2}{2}$)

(2) 12月10日,用银行存款支付增值税税款4 206.7元,支付城市维护建设税294.47元,教育费附加210.33元,印花税4 854.35元,水利专项资金112 741.67元,企业所得税149 441.45元。(原始凭证见表 B-15-2 $\frac{1}{2}$ 和表 B-15-2 $\frac{2}{2}$)

(3) 12月15日,用银行存款支付员工工资357 360.02元。(原始凭证见表 B-15-3)

(4) 12月17日,发生轿车修理费1 433元,用现金支付。(原始凭证见表 B-15-4)

(5) 12月20日,招待客户用餐,共报销现金2 204.50元。(原始凭证见表 B-15-5)

(6) 12月20日,业务员报销差旅费2 501元。(原始凭证见表 B-15-6)

(7) 12月20日,向江苏红星轻合金有限责任公司购入一批铝材,增值税专用发票上注明的价款为4 921 123.17元,增值税税额为639 746.01元,款项尚未支付。(原始凭证见表 B-15-7)

(8) 12月21日,又向江苏红星轻合金有限责任公司购入一批铝材,发票金额共174 202.54元,货款已通过银行支付。(原始凭证见表 B-15-8 $\frac{1}{2}$ 和表 B-15-8 $\frac{2}{2}$)

(9) 12月21日,将12月9日和12月20日、21日购入的钢材与铝材分别检验入库。(原始凭证见表 B-15-9 $\frac{1}{2}$ 和表 B-15-9 $\frac{2}{2}$)

(10) 12月21日,用一张面额为5 000 000元的银行承兑汇票支付前欠江苏红星轻合金有限责任公司的铝材货款。(原始凭证见表 B-15-10)

(11) 12月21日,销售给哈尔滨宏远有限责任公司铝材一批,增值税专用发票上注明的价款为2 295 558.04元,增值税税额为298 422.55元。该批材料的采购成本为2 180 779.98元,款项尚未收到。(原始凭证见表 B-15-11 $\frac{1}{2}$ 和表 B-15-11 $\frac{2}{2}$)

(12) 12月21日,用银行存款支付当月银行借款利息109 445.50元。(原始凭证见表 B-15-12)

(13) 12月22日,收到哈尔滨宏远有限责任公司银行承兑汇票1 540 000元用于支付前欠款项;同一天,收到该单位银行汇款70 000元。(原始凭证见表 B-15-13 $\frac{1}{2}$ 和表 B-15-13 $\frac{2}{2}$)

(14) 12月23日,收到杭州外海有限责任公司预付的材料款项12 000 000元,其中5 000 000元为银行承兑汇票,其余为支票。(原始凭证见表 B-15-14 $\frac{1}{2}$ 和表 B-15-14 $\frac{2}{2}$)

(15) 12月25日,销售给杭州外海有限责任公司产品一批,增值税专用发票上注明的价款为7 823 354.46元,增值税税额为1 017 036.08元,货款已预收。(原始凭证见表 B-15-15 $\frac{1}{2}$ 和表 B-15-15 $\frac{2}{2}$)

(16) 12月25日,通过年终评比,用现金发放各种生产奖励费17 600元。(原始凭证见表 B-15-16)

(17) 12月25日,收到房东转来的电费发票一张,发票金额32 086.9元,其中车间耗用18 360.61元,费用未支付。(原始凭证见表B-15-17 $\frac{1}{2}$ 和表B-15-17 $\frac{2}{2}$)

(18) 12月30日,按照预购合同(公司前已预付2 429 342.50元),向杭州诚达有限责任公司购入起重设备3台,发票金额1 092 815.51元(其中增值税税额为125 722.14元),安装调试完毕。(原始凭证见表B-15-18 $\frac{1}{2}$ 和表B-15-18 $\frac{2}{2}$)

(19) 12月30日,按规定计提当月固定资产折旧共59 308.28元,其中生产车间用固定资产折旧费39 925.13元,其余均为管理部门用固定资产折旧费。(原始凭证见表B-15-19)

(20) 12月30日,分配当月职工薪酬费用共517 579.84元,其中生产工人187 307.18元,车间耗用23 412.08元,其余均为管理人员薪酬。(原始凭证见表B-15-20)

(21) 12月25日,按当月工资总额基数计提的各种社会统筹金142 907.33元,其中生产工人55 630.23元,车间管理人员6 404.16元,其余为行政管理部门人员,当月银行未扣。(原始凭证见表B-15-21)

(22) 12月30日,按当月职工薪酬的2%分别提取工会经费和教育经费,并上缴当月工会经费。(原始凭证见表B-15-22 $\frac{1}{3}$ ～表B-15-22 $\frac{3}{3}$)

(23) 12月31日,根据发料凭证汇总表结转基本生产车间领用的材料成本为6 258 683.57元。(原始凭证见表B-15-23)

(24) 12月31日,年末计提存货跌价准备122 800元。(原始凭证见表B-15-24)

(25) 12月31日,年末按公司有关规定经账龄分析补提坏账准备22 420元。(原始凭证见表B-15-25)

(26) 12月31日,计算并结转当月应交的印花税、水利建设基金、城市维护建设税、教育费附加等各项税费。(原始凭证见表B-15-26 $\frac{1}{2}$ 和表B-15-26 $\frac{2}{2}$)

(27) 12月31日,归集结转当月产品制造费用。(原始凭证见表B-15-27)

(28) 12月31日,结转当月产品生产成本。(原始凭证见表B-15-28)

(29) 12月31日,将各损益类账户结转到"本年利润"账户。(原始凭证见表B-15-29)

(30) 12月31日,计算本月应交所得税,并转入"本年利润"账户。所得税税率为25%,假定不涉及纳税调整事项。同时将"本年利润"账户结转"利润分配——未分配利润"账户。(原始凭证见表B-15-30 $\frac{1}{2}$ 和表B-15-30 $\frac{2}{2}$)

(31) 12月31日,按利润的10%比例计提法定盈余公积,按当年可供分配利润的80%向投资者分配股利。将"利润分配"各明细账户的余额转入"利润分配——未分配利润"明细分类账户。(原始凭证见表B-15-31 $\frac{1}{3}$ ～表B-15-31 $\frac{3}{3}$)

四、职业判断

【案例一】企业内部控制

ABC股份有限责任公司(以下简称ABC公司)是生产经营电子产品的大型工业企

业,为加强内部控制制度建设,聘请甲会计师事务所在年报审计时对公司销售与收款控制、采购与付款控制、存货控制、货币资金控制的相关内部控制制度的设计进行评价,并对其健全性和有效性进行检查与评价。检查中发现以下问题。

1. 销售与收款控制

(1)接收客户订单后,由销售部门的甲职员根据订单编制销售单,交给审批赊销的同部门的乙职员,乙职员在职权范围内进行审批,如果超过职权范围内的赊销业务,全部交给销售部门的经理进行审批。

(2)丙职员在核对商品装运凭证和相应的经批准的销售单后,开具销售发票。具体程序为:根据已授权批准的商品价目表填写销售发票的金额,根据商品装运凭证上的数量填写销售发票的数量;销售发票的其中一联交财务部丁职员据以登记与销售业务相关的总账和明细账。

(3)开具账单部门在收到发运单并与销售单核对无误后,编制预先连续编号的销售发票,并将其连同发运单和销售单及时送交会计部门。会计部门在核对无误后确认销售收入并登记应收账款账簿。会计部门定期向顾客催收款项并寄送对账单,对顾客提出的异议进行专门追查。

(4)公司的应收账款账龄分析由专门的"应收账款账龄分析计算机系统"完成,该系统由独立的信息部门负责维护管理。会计部门相关人员负责在系统中及时录入所有与应收账款交易相关的基础数据。为了便于及时更正录入的基础数据可能存在的差错,信息部门拥有修改基础数据的权限。

2. 采购与付款控制

(1)采购部收到经批准的请购单后,由其职员E进行询价并确定供应商,再由其职员F负责编制和发出预先连续编号的订购单。订购单一式四联,经被授权的采购人员签字后,分别送交供应商、负责验收的部门、提交请购单的部门和负责采购业务结算的应付凭单部门。

(2)验收部门根据订购单上的要求对所采购的材料进行验收,完成验收后,将原材料交由仓库人员存入库房,并编制预先连续编号的验收单交仓库人员签字确认。验收单一式三联,其中两联分送应付凭单部门和仓库,一联留存验收部门。对于验收过程中发生的异常情况,负责验收的部门或人员应在验收完毕及时通知有关部门,并作出处理。

(3)应付凭单部门核对供应商发票、验收单和订购单,并编制预先连续编号的付款凭单。在付款凭单经被授权人员批准后,应付凭单部门将付款凭单连同供应商发票及时送交会计部门,并将未付款凭单副联保存在未付款凭单档案中。会计部门收到附供应商发票的付款凭单后即应及时编制有关的记账凭证,并登记原材料和应付账款账簿。

(4)应付凭单部门负责确定尚未付款凭单在到期日付款,并将留存的未付款凭单及其附件根据授权审批权限送交审批人审批。审批人审批后,将未付款凭单连同附件交复核人复核,然后交财务出纳人员J。出纳人员J据此办理支付手续,登记现金和银行存款日记账,并在每月月末编制银行存款余额调节表,交会计主管审核。

3. 存货控制

(1)在发出原材料过程中,仓库部门根据生产部门开出的领料单发出原材料。领料单必须列明所需原材料的数量和种类,以及领料部门的名称。领料单可以一料一单,也可以多料一单,通常需一式两联,仓库部门发出原材料后,其中一联连同原材料交还领料部门,一联留仓库部门据以登记仓库原材料明细账。

(2) 会计部门的成本会计 K 根据收到的生产通知单、领料单、工时记录和产成品入库单等资料,在月末编制材料费用、人工费用和制造费用分配表,以及完工产品与在产品成本分配表,经本部门的复核人员复核后,据以核算成本和登记相关账簿。

(3) 由于公司存货中存在单位价值较大的生产用关键备件,所以特别规定,对于该备件的保管由仓库保管人员 W 专门负责,调用审批由公司生产部经理负责,转移由备件使用车间的 P 组长负责。

(4) 公司每 3 个月定期对全部存货盘点一次,编制盘点表。会计部门与仓库在核对结存数量后,向管理层报告差异情况及形成原因,并在经批准后进行相应处理。

4. 货币资金控制

(1) 为加强货币支付管理,货币资金支付审批实行分级管理办法:单笔付款金额在 10 万元以下的,由财务部经理审批;单笔付款金额在 10 万元以上、50 万元以下的,由财务总监审批;单笔付款金额在 50 万元以上的,由总经理审批。

(2) 为了保证库存现金账面余额与实际库存相符,每月月末定期进行现金盘点,发现不符,及时查明原因,做出处理。

(3) 对于银行预留印鉴的管理:财务专用章由财务主管保管,个人名章应由法定代表人管理,法定代表人不在期间,由财务主管代为保管。

(4) 财务部门主管人员为 ABC 公司法定代表人的同学,出纳人员为财务主管的女儿。

依据及相关法规:

1.《中华人民共和国公司法》
2.《企业会计准则》
3.《企业内部控制基本规范》

案例思考:

从企业内部控制角度,分析、判断并指出以上企业内部控制中存在哪些薄弱环节,并说明理由。

讨论与分析:

1. 销售与收款控制

(1) "如果超过职权范围内的赊销业务,全部交给销售部门的经理进行审批"不恰当。对符合赊销条件的客户,应经审批人批准后方可办理赊销业务;超过销售政策和信用政策规定的赊销业务,应当实行集体决策审批。

(2) "销售发票的其中一联交财务部丁职员据以登记与销售业务相关的总账和明细账"不恰当。登记总账和明细账属于不相容职务,应当予以分离。

(3) "会计部门定期向顾客催收款项并寄送对账单,对顾客提出的异议进行专门追查"不恰当。销售部门应当负责应收账款的催收,财会部门应当督促销售部门加紧催收。

(4)"为了便于及时更正录入的基础数据可能存在的差错,信息部门拥有修改基础数据的权限"不恰当。如果信息部门可以更正使用部门送交的数据资料,将增加相关数据资料在使用部门不知道的情况下被人为修改的风险,降低相关数据分析结果的可靠性。

2. 采购与付款控制

(1)"由采购部的职员 E 进行询价并确定供应商"不恰当。询价与确定供应商是不相容的岗位。

(2)"对于验收过程中发生的异常情况,负责验收的部门或人员应在验收完毕及时通知有关部门,并做出处理"不恰当。对验收过程中发现的异常情况,负责验收的部门或人员应当立即向有关部门报告;有关部门应查明原因,及时处理。

(3)"会计部门根据只附供应商发票的付款凭单进行账务处理"不恰当。如果会计部门仅根据付款凭单和供应商发票记录存货和应付账款,而不需同时核对验收单和订购单,会计部门将无法核查材料采购的真实性。从而可能记录错误的存货数量和金额。

(4)"出纳人员 J 登记现金和银行日记账,并在每月月末编制银行存款余额调节表"不恰当。记录现金收入支出与调节银行账户是不相容的岗位。

3. 存货控制

(1)"领料单一式两联,一联交还领料部门,一联留仓库部门"不恰当。领料单应当一式三联,一联交还领料部门,其余两联经仓库登记材料明细账后,一联送会计部门进行材料收发核算和成本核算,一联由仓库部门留存。

(2)没有缺陷。

(3)"对于该备件的保管由仓库保管人员 W 专门负责,调用审批由公司生产部经理负责,转移由精密仪器使用车间的 P 组长负责"不恰当。对贵重物品、生产用关键备件、精密仪器、危险品等重要存货,应当采取额外控制措施,确保重要存货的保管、调用、转移等经过严格授权批准,且在同一环节有两人或两人以上同时经办。

(4)没有缺陷。应建立健全存货清查盘点制度,定期或不定期地对各类存货进行实地清查和盘点。

4. 货币资金控制

(1)"单笔付款金额在 50 万元以上的,由总经理审批"不恰当。财政部《内部会计控制规范——货币资金(试行)》明确规定,单位对于重要货币资金支付业务,应当实行集体决策和审批。因此,对公司总经理的货币资金支付审批,也应设定上限,超过设定审批权限的,应由通过集体决策和审批进行"特殊授权",甚至由公司董事会集体决策和审批,总经理、董事长等也不能例外。

(2)"为了保证库存现金账面余额与实际库存相符,每月月末定期进行现金盘点"不恰当。单位应当定期和不定期地进行现金盘点,确保现金账面余额与实际库存相符。发现不符,及时查明原因,做出处理。

(3)"法定代表人不在期间,由财务主管代为保管"不恰当。严禁一人保管支付款项所需的全部印章。

(4)"出纳人员为财务主管的女儿"不恰当。会计机构负责人的直系亲属不得担任本单位出纳人员。

【案例二】JY 集团有限责任公司核算不规范导致会计信息失真案例

【背景材料】

JY 集团有限责任公司(以下简称 JY 集团)是一家拥有相当知名度和规模的民营企业,主要从事食品饮料制造、加工和销售。JY 集团 2×20 年度会计报表由 JY 集团本部及 SL 食品工贸公司(以下简称 SL 公司)、QY 实业公司(以下简称 QY 公司)、DN 保健饮料公司(以下简称 DN 公司)、MN 有限责任公司(以下简称 MN 公司)5 家具有法人资格、实行独立核算的企业报表汇编而成。2×20 年合并会计报表反映,该集团年末资产总计 45 382 万元、负债总计 27 296 万元、所有者权益 18 086 万元、利润总额 217 万元。当年会计报表未经社会中介机构审计。

2×21 年 7 月,财政部门派出检查组,对 JY 集团及其下属 4 个子公司 2×20 年会计信息质量进行了检查。检查发现,JY 集团财务管理混乱,会计核算不规范,基础工作薄弱,会计信息严重失真。经检查后调整会计报表,该集团实际资产为 20 098 万元、负债为 15 667 万元、所有者权益为 4 431 万元、利润总额为 −3 271 万元。资产、负债、所有者权益分别虚增了 126%、74%、308%,利润虚增达 3 488 万元。检查结果被财政部门公告,在社会上引起了较大的反响。

【违纪事实】

1. 违纪事实与手段

(1) 违规合并报表,夸大会计数字

JY 集团 2×20 年终编制会计报表时,未按《合并会计报表暂行规定》要求将汇总单位间往来款项长期投资与实收资本等项目核对抵销,而是将集团和所属公司的会计报表相关项目简单相加,汇总成集团的合并报表,造成资产、负债和所有者权益重复计算,导致资产、负债、所有者权益分别夸大 17 836 万元、10 375 万元、7 461 万元。

(2) 虚增资产

① 凭空增加资产。2×16 年 JY 集团与 FY 公司、某市政府三方共同出资成立了 YS 联合公司。由于种种原因,该公司后被分立。分立时该公司有 5 家企业划归 JY 集团,这 5 家公司资产少于负债和所有者权益 728 万元。MN 公司为将账做平,凭空将差额作其他流动资产增加处理,导致资产虚增 728 万元。

② 经营性租赁作为固定资产入账。SL 公司将经营性租用的厂房价值 2 408 万元作增加固定资产和资本公积处理。

③ 资产清理未及时核销。DN 公司固定资产清理余额 62 万元,MN 公司待处理流动资产损失 229 万元、待处理固定资产损失 365 万元,合计 656 万元长期挂账,未按规定及时清理,虚增资产 656 万元。

(3) 转移收入,漏缴税收

JY 集团子公司 MN 公司是当地重点企业,享受政府税收优惠政策。为偷逃税收,JY 集团采用了转移销售收入和费用的办法,将自己销售、自己收取货款的产品,通过开具 MN 公司的销售发票,转作 MN 公司的销售收入。2×20 年,JY 集团共转移销售收入 3 784 万元。同时为收回因转移销售收入所带走的经营利润,JY 集团又将销售费用和管理费用 812 万元划转到 MN 公司账上列支,造成两个公司销售收入、成本费用严重失实,应缴未缴各项税款 115 万元。

(4) 随意核算成本、费用

① 费用挂账。QY 公司、MN 公司将应计入损益的广告等费用挂账，造成利润虚增 436 万元。

② 成本多列。SL 公司在结转销售成本时，多结转自制半成品 222 万元，致使自制半成品年末出现红字。

③ 费用变投资。在没有任何投资协议的情况下，JY 集团擅自将应计入损益的待摊费用 2 499 万元转为对所属公司的投资核算，造成长期投资核算不实，虚增利润 2 499 万元。

④ 少提或多提折旧。MN 公司 2×20 年少提折旧 181 万元，QY 公司对融资租赁资产未计提折旧 19 万元，SL 公司对经营性租赁资产计提折旧 77 万元，少提或多提轧差后集团共少提折旧 123 万元，虚增了利润。

(5) 会计基础薄弱

① 会计主管无证上岗，会计人员水平低下。会计工作是一项专业性、技术性很强的工作，但 JY 集团时任财务部经理既无会计证及中级以上会计专业技术职务，也不熟悉财会业务、政策。他自己说："我不懂会计业务，担任财务部经理只是起平衡和协调作用。"该集团所有会计人员无人具备中级以上会计专业技术职务。

② 基本不对账。JY 集团与子公司间自 2×19 年以来基本未对账，母子公司账账不符情况突出。检查发现，JY 集团账面反映对 SL 公司投资 1 761 万元，对 MN 公司投资 1 499 万元，但两个子公司账面记载的分别为 1 260 万元和 1 784 万元，差额分别为 501 万元和 285 万元，原因无法说清。

③ 未按规定核算现金资产。盘查发现，该集团超限额存放现金，在 45 万元的现金结存中有白条抵库 32 万元。现金收支的原始凭证上未加盖现金收、付讫章，现金日记账未做到日清月结。银行存款日记账的会计凭证无编号，无法进行账证核对。

④ 账证不符。JY 集团和子公司均存在用发票复印件、自制收款收据和白条作原始凭证的情况。有的记账凭证没有签章。如在检查 JY 集团"应付福利费"时，账上记载 2×20 年 11 月 26 日从 SL 公司转入 91 万元，但检查人员要与相关会计凭证核对时，却找不到这份会计凭证。

⑤ 发票管理混乱。JY 集团既未设置发票领用登记簿，也未指定专人保管，以致部分发票存根联丢失。2×20 年领购增值税发票 7 本，丢失存根联 3 本，领购零售发票 80 本，丢失存根联 35 本。

2. 违纪特点

(1) 广泛性。JY 集团会计信息失真表现在会计核算的各个环节，涉及资产、负债、所有者权益、收入、费用、利润六大会计要素，涵盖了企业会计核算及财务管理的整个过程。

(2) 浅显性。JY 集团账务作假、会计信息失真的情况并不高明，多数手段技术含量低，比较真实地体现了该集团会计人员的业务水平。

(3) 随意性。该集团许多账务的处理体现了很大的随意性，会计人员做账时常脱离常规。

【处理结果】

JY集团及其子公司会计信息失真的问题,严重违反了《会计法》等法律、法规的规定。2×21年10月20日,财政部门依法对JY集团发出了处理决定。对虚假的财务问题要求其调整有关会计科目,补缴相关税收,责令其全面整改,并建议JY集团免去不符合任职条件的财务部经理职务。

JY集团会计信息失真被公告后,对其造成了很大的影响,其市场形象和生产经营一度陷入危机。集团领导痛定思痛,打破用人上的家族制,重金聘请高级财会人员,全面负责和管理集团的财会工作,调离和辞退了不符合规定和要求的财会人员,全面制定和规范了集团会计信息流程操作制度,确保会计信息真实、合规,重塑企业形象。

【违纪动机及原因】

1. 名利驱动是主要动机

是否拥有一定的知名度,是民营企业生存发展需要考虑的重要外部环境,而外部发展环境将给企业带来间接的经济利益。JY集团作为民营企业的代表,在创业和发展过程中,自然也要求其在社会上的名声与地位。因此,2×20年终编制会计报表时,为了业务扩张和贷款上的便利,同时也为了提高进一步的知名度和影响力,采用了简单加总的办法合并报表,重复计算资产,夸大了企业的规模。

导致民营企业会计信息失真最直接的经济动机是少缴税金。JY集团为响应政府对口扶植企业的号召,成立了全资子公司MN公司。当地政府许诺,如果MN公司能完成政府下达的产值指标,就可以作为重点企业,享受一系列优惠政策。其中涉及税收方面的是实行定额缴税,每月缴足3万元税收后,其税款可以名义缓缴实际不缴。由于MN公司自身难以完成当地政府所规定的产值指标,JY集团于是采用了向MN公司转移销售收入的办法,帮助MN公司完成产值指标,既获得社会赞誉,又得到税收优惠,少缴税金,可谓名利双收。

2. 家族式管理是直接原因

在相当长的一段时间内,JY集团没有聘请具有专业技术资格、熟悉财务管理的会计人员,而是任用基本不懂财务会计的家族成员作为财务部经理。集团内会计人员无人具有会计专业技术中级资格,也未进行会计人员业务培训。由此造成会计人员业务水平低下、会计核算不规范的状况,直接导致该集团财务管理混乱:账账不符、账证不符、会计科目串户、日记账不能日清月结等。

【教训与启示】

随着国有企业改制的不断深入,我国国有经济将从众多竞争性行业中逐渐退出,这对我国的民营经济而言无疑是一个绝好的发展机遇。民营企业在21世纪必将发挥越来越重要的作用。

但是,由于受到民营企业负责人个人意志的限制和利益驱动,民营企业内部财务管理混乱、基础工作薄弱、会计信息严重失真现象在当前还普遍存在。而随着我国加入世贸组织,民营企业面对的是各大跨国公司争夺中国市场的激烈竞争。为此,民营企业必须不断加强企业内部财务管理,建立起一套完整、科学的会计核算体系,作为企业科学管理、良好运行的基础,以促进民营企业快速、健康发展。JY集团会计信息失真案例以铁的事实说明了这一任务的紧迫性,通过它我们至少可以获得以下启示。

1. 民营企业要做强做大,必须突破家族式的用人制度

民营企业多数属于业主制、家族制企业。家族制企业有它发展的条件和土壤,但它毕竟与现代企业制度有很大距离。随着竞争的日益激烈,特别是随着企业规模的逐渐扩大,技术上的逐渐升级,家族式管理越来越不适应经济全球化的环境和国际竞争的需要。家族式管理往往采用任人唯亲的管理方法,不利于吸引高技术和高级管理人才,已成为民营经济发展的障碍。民营企业要增强市场竞争力,要做强做大,获得长足的发展,就必须突破管理资源内生性"瓶颈",走管理资源社会化之路。必须克服人事管理上的家族式,用现代公司制方式进行人力资源的设计和管理,建立新型的劳资关系,按社会化、市场化的原则广纳各类才俊,为企业所用。

2. 应切实加强对民营企业的会计监督和指导

JY集团也算是国内民营企业的佼佼者,其当时财务管理薄弱、会计核算不规范问题,在众多民营企业中具有很强的代表性。近年来,当民营企业逐步做强做大时,对其会计监督和指导却显得相对弱化和滞后,缺乏全面系统的管理监督,也很少对它们进行会计辅导。民营企业会计信息质量不高,监管部门有不可推卸的责任。会计信息失真、财务管理薄弱已经成为制约民营企业发展的"瓶颈",随着民营企业在国民经济中所占地位的不断提高,监管部门应切实加强对民营企业会计工作的监督和指导。

监管者应在以下方面采取行动,为民营企业的发展创造良好的外部环境。

(1) 从法制上强制性要求某一规模以上的企业必须设置财务人员,对企业的经营活动进行会计记录、核算、反映。我国的《企业会计制度》要求在全国实行统一的企业会计制度,但却把以民营企业为主体的小规模企业排除在外。这样,在国家政策上给人一种错觉:中小规模的民营企业不需要健全的会计制度,这在社会意识上不利于民营企业建立健全的会计制度。要改变这种状况,就必须从法制的高度来引导公众重视建立企业会计制度的必要性。

(2) 对民营企业开放资本市场,为其提供更多的融资渠道,以形成对民营企业会计信息的需求,为其创造一个良好的市场环境,使会计制度对企业的有利性凸显出来,从而促使民营企业主动建立和完善其会计制度。

(3) 加强会计人才的社会化培训,为民营企业建立健全的会计核算体系提供必要的外部条件。

3. 民营企业管理者应重塑管理理念,强化财务管理

健全的会计核算体系是企业提高管理水平的重要内容,它有利于民营企业建立内部控制机制,使其获得更多的对外融资机会。

JY集团财务会计工作薄弱的原因是多方面的,首要的一条是管理者不重视财务管理。他们往往将业务经营、市场开拓、品牌战略视为企业发展的头等大事,弱化了财务会计在企业中的地位,忽视了财务管理在企业发展中的重要作用。所以,民营企业要想进一步发展,就必须转变管理理念,真正树立"管理就是生产力"的思想,加强会计核算,强化财务管理在企业管理中的核心地位,向财务管理要效益。

4. 要正确认识监督检查与服务的关系

监督与服务有矛盾,但根本目的是一致的,监督只是促进规范的一种手段,目的是为了纠正偏差,促进管理的规范,提高工作的效率与效益,与直接意义上的服务是一致的。

民营企业会计工作是地方财政、经济工作的基础性组成部分,财政部门作为会计工作的主管机关,要有全局观念和服务意识,应与税务、工商、银行、社会中介机构等有关部门通力合作,协调好工作关系,调动各方面的积极性共同协助指导好民营企业会计工作。

对JY集团会计信息质量的监督检查,促使该集团决策层痛定思痛,改变用人观念,更新管理理念,全面整章建制,为企业的长远发展奠定基础。

资料来源:http://www.xtczjd.cn

财务会计实训原始凭证资料

B篇

任务 B-1 货币资金实训原始凭证资料

表 B-1-1　　　　　　　　　中国工商银行现金支票

中国工商银行 现金支票存根 10203310 00610065	中国工商银行　现金支票　10203310　00610065
附加信息	出票日期(大写)　　年　月　日　　付款行名称： 收款人：　　　　　　　　　　　　　　出票人账号：
出票日期　年　月　日 收款人： 金　额： 用　途： 单位主管　　会计	人民币(大写)　　　　　　　　　　亿千百十万千百十元角分 用途：　　　　　　　密码： 上列款项请从我账户内支付 　　　　　　(大宇轴承有限责任公司 财务专用章)　(吴瑞昊印) 出票人签章　　　　　　复核　　　　记账　付款期限自出票之日起十天

表 B-1-2　　　　　　　　　借款单

借款单位(姓名)：张苹			
借款理由：出差借款			
借款数额：￥1 800.00		人民币(大写)壹仟捌佰元整	现金付讫
部门负责人意见：同意　[赵昀]		借款人(签章)：[张苹]	
付款记录： 　2×21年04月05日现金付给		出纳：[王琳]	

表 B-1-3   费用报销单
                         报销日期：2×21年04月06日   附件1张

费用项目	类别	金额	负责人（签章）	李 达
交通费	市内交通费	30.00	审查意见	同意
			报销人（签章）	孙 云
报销金额合计		￥30.00		
核实金额（大写）	⊗叁拾零元零角零分			￥30.00

           审核：张 雨   出纳：王 琳

（现金付讫）

表 B-1-4 1/2   中国工商银行 电汇 凭证（回单） 1   第10781491号
                      委托日期：2×21年04月10日   应解汇款编号：053

汇款人	全称	大宇轴承有限责任公司	收款人	全称	顺达金属制品有限责任公司
	账号	56011702346		账号	56330355321
	汇出地点	浙江省滨江市县	汇出行名称	工行高新支行		汇入地点	浙江省滨江市县	汇入行名称	工行滨江分行
金额	人民币（大写）	陆万柒仟捌佰元整			亿千百十万千百十元角分 ￥ 6 7 8 0 0 0 0

汇款用途	材料采购款	留行待取预留收款人印鉴
款项已汇入收款人账户 汇出行盖章 2×21年04月10日	上列款项已收妥。（收款人盖章） 年 月 日	科目（借）＿＿＿＿ 对方科目（贷）＿＿＿＿ 汇出行汇出日期 年 月 日 复核 出纳 记账

（中国工商银行滨江高新支行 2×21.04.10 转讫）

此联是汇出行给汇款人的回单

表 B-1-4 2/2   浙江增值税专用发票
                               浙 江
3300202130   No 00550001
                    发 票 联   开票日期：2×21年04月10日

购买方	名 称：大宇轴承有限责任公司 纳税人识别号：913300011678603318 地 址、电话：浙江省滨江市高新路202号 87321230 开户行及账号：工行滨江高新支行 56011702346	密码区	（略）

货物或应税劳务、服务名称	规格型号	单位	数量	单价	金 额	税率	税 额
*黑色金属冶炼压延品*轴承钢		千克	2 000	30.00	60 000.00	13%	7 800.00
合 计					￥60 000.00		￥7 800.00
价税合计（大写）	⊗陆万柒仟捌佰元整					（小写）￥67 800.00	

销售方	名 称：顺达金属制品有限责任公司 纳税人识别号：913300010000019888 地 址、电话：浙江省滨江市解放路14号 88389911 开户行及账号：工行滨江解放路分理处 56330355321	备注	913300010000019888 发票专用章

收款人：   复核：   开票人：徐 立   销售方：（章）

第三联：发票联 购买方记账凭证

表 B-1-5 1/2　　　　　中国工商银行转账支票

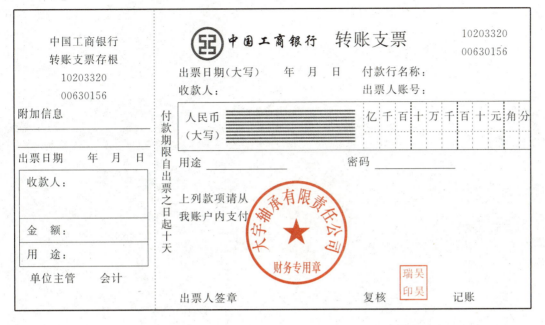

表 B-1-5 2/2

 3300202130

浙江增值税专用发票

浙　江　　　　　　　　　　　　　　No 00774103

发　票　联　　开票日期：2×21 年 04 月 15 日

购买方	名　　称：大宇轴承有限责任公司 纳税人识别号：913300011678603318 地　址、电　话：浙江省滨江市高新路202号　87321230 开户行及账号：工行滨江高新支行 56011702346	密码区	（略）

货物或应税劳务、服务名称	规格型号	单位	数量	单价	金　额	税率	税　额
*纸制品*A4纸			5	448.85	2 244.25	13%	291.75
合　　计					￥2 244.25		￥291.75
价税合计（大写）	⊗贰仟伍佰叁拾陆元整				（小写）￥2 536.00		

销售方	名　　称：华浙商厦有限责任公司 纳税人识别号：913300012299356706 地　址、电　话：滨江南京路22号　88380129 开户行及账号：工行滨江南京路支行 43012752242	备注	

收款人：　　　复核：　　　开票人：王佳　　　销售方：（章）

表 B-1-6　　银行汇票申请书（存　根）①　　No 000481

申请日期：2×21 年 04 月 19 日

申请人	大宇轴承有限责任公司	收款人	上海长顺铜制品有限责任公司
账号或住址	工行滨江高新支行 56011702346	账号或住址	上海长桥支行 62030089312
用途	货款	代理付款行	
汇款金额	人民币（大写）玖万零肆佰元整		万千百十万千百十元角分　¥ 9 0 4 0 0 0 0 0
备注：		科目＿＿＿＿＿＿＿＿对方科目＿＿＿＿＿＿＿＿财务主管　复核　经办	

此联申请人留存

表 B-1-7　　中国工商银行托收凭证　（汇款依据或收账通知）④

委托日期：2×21 年 04 月 23 日　　票据号码：0372

业务类型	委托收款（□邮划、√电划）　托收承付（□邮划、□电划）					
付款人	全称	湖南机械有限责任公司	收款人	全称	大宇轴承有限责任公司	
	账号	00022713447		账号	56011702346	
	地址	湖南省长沙市/县	开户行 中山路支行	地址	浙江省滨江市/县	开户行 高新支行
金额	人民币（大写）贰万贰仟陆佰元整			亿千百十万千百十元角分　¥ 2 2 6 0 0 0 0		
款项内容	货款	委托收款凭证名称	合同及发票	附寄单证张数	2	
商品发运情况	已发运	合同名称号码	购销合同 2×21-03-22			
收款人 行号	322	上列款项已划回收入你方账户内 中国工商银行滨江高新支行 2×21.04.23 转 收款人开户银行盖章 2×21 年 04 月 23 日				
备注： 复核　记账						

此联是付款人开户银行凭以付款或收款人开户银行作收账通知

表 B-1-8　　　　　　　　　　中国工商银行现金支票

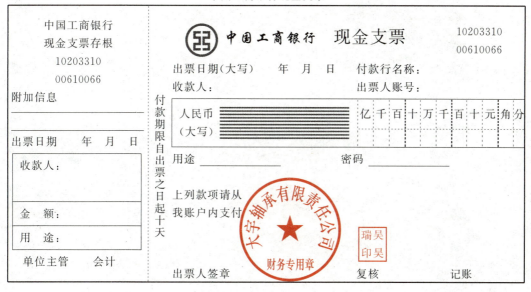

表 B-1-9　　　　　　　　　上海增值税专用发票
　　　　　　　　　　　　　　　　上　海
　　　　　　　　　　　　　　　发　票　联

 3100202130　　　　　　　　　　　　　　　　　　　　No 00832102

开票日期：2×21年04月25日

购买方	名　称：大宇轴承有限责任公司 纳税人识别号：9133000116786033 18 地　址、电　话：浙江省滨江市高新路 202 号　87321230 开户行及账号：工行滨江高新支行　56011702346	密码区	（略）

货物或应税劳务、服务名称	规格型号	单位	数量	单价	金　额	税率	税　额
*有色金属冶炼压延品*电解铜		千克	2 000	40.00	80 000.00	13%	10 400.00
合　　计					￥80 000.00		￥10 400.00

价税合计（大写）	⊗玖万零肆佰元整	（小写）￥90 400.00

销售方	名　称：上海长顺铜制品有限责任公司 纳税人识别号：913101010734900122 地　址、电　话：上海罗香路 142 号　34901290 开户行及账号：工行上海长桥支行　62030089312	备注	

收款人：　　　　　复核：　　　　　开票人：钱松　　　　销售方（章）

第三联：发票联　购买方记账凭证

表 B-1-10   工资结算汇总表

2×21 年 04 月 26 日

部门		应付工资				代扣款项		实发工资
		标准工资	奖金	津贴	合计	社会保险金	个人所得税	
生产车间	生产工人	400 000	16 000	20 500	436 500	87 300	20 400	328 800
	管理人员	21 380	2 000	2 400	25 780	5 156	430	20 194
销售机构		90 000	8 000	9 800	107 800	21 560	1 120	85 120
行政部门		130 000	6 720	9 700	146 420	29 284	2 340	114 796
合 计		641 380	32 720	42 400	716 500	143 300	24 290	548 910

会计：张 雨   复核：陈 宇   出纳：王 琳

表 B-1-11 1/2   出差旅费报销单

2×21 年 04 月 27 日

月	日	时间	出发地	月	日	时间	到达地	机票费	车船费	住宿费		出差补助		其他	合计
										标准	实支	天数	金额		
4	7		滨江市	4	7		苏州市		100.00						100.00
4	10		苏州市	4	10		滨江市		100.00		900.00	3	600.00		1 600.00

出差任务	采购业务	报销金额（人民币）壹仟柒佰元整			预借金额	1 800.00
		单位领导：同意报销	部门负责人：赵 昀	出差人：张 苹	报销金额	1 700.00
					结余金额	100.00

表 B-1-11 2/2   收据

2×21 年 04 月 27 日

人民币：壹佰元整   ￥100.00

　　　　上款系：退回多余出差预借款

　　　　审批：张 雨   出纳：王 琳   经办人：张 苹

表 B-1-12 1/3　　　中国工商银行托收凭证(付款通知) 5　　委收号码：1302

委托日期：2×21年04月29日

付款期限：2×21年04月29日

业务类型	委托收款(□邮划、☑电划)		托收承付(□邮划、□电划)											
付款人	全称	大宇轴承有限责任公司	收款人	全称	滨江市自来水公司									
	账号	56011702346		账号	00332256120									
	地址	省　市县　开户行　工行滨江高新支行		地址	省　市县　开户行　工行天成路分理处									
金额	人民币(大写)	柒佰壹拾元整	亿	千	百	十	万	千	百	十	元	角	分	
							¥	7	1	0	0	0		
款项内容	水费	委托收款凭据名称	水费专用发票	附寄单证张数	1									

备注：

付款人开户银行收到日期
　　　　年　月　日
复核　　记账

付款人注意：
1. 根据支付结算办法，上列委托收款(托收承付)款项在付款期限内未提出拒付，即视为同意付款，以此代付款通知。
2. 如需提出全部或部分拒付，应在规定期限内，将拒付理由书并附债务证明退交开户银行。

付款人开户银行签章
2×21年04月29日

(中国工商银行滨江高新支行 2×21.04.29 转讫)

此联是付款人开户银行给付款人按期付款的通知

表 B-1-12 2/3　　　**浙江增值税专用发票**

3300202130

浙江

发票联

No 00674211

开票日期：2×21年04月29日

购买方	名　　称：大宇轴承有限责任公司 纳税人识别号：913300116678603318 地址、电话：浙江省滨江市高新路202号　87321230 开户行及账号：工行滨江高新支行 56011702346	密码区	(略)

货物或应税劳务、服务名称	规格型号	单位	数量	单价	金　额	税率	税　额
*水冰雪*自来水			200	3.2569	651.38	9%	58.62
合　计					¥651.38		¥58.62
价税合计(大写)	⊗柒佰壹拾圆整					(小写)¥710.00	

销售方	名　　称：滨江市供排水有限责任公司 纳税人识别号：913301121341564466 地址、电话：滨江市天山路52号　35458149 开户行及账号：工行天山支行 23147700012	备注	

收款人：　　　复核：　　　开票人：张敏　　　销售方：(章)

表 B-1-12 3/3　　　　　　　　　　　水费分割单

2×21 年 04 月 29 日

使用部门	实用吨数	水费（元）
生产车间	150	532.50
销售机构	15	53.25
医务室	10	35.50
行政部门	25	88.75
合　计	200	710.00

复核：李永飞　　　　　　　　　　　　　　制单：王志广

表 B-1-13 1/2　　　　　　　　　　库存现金盘点表

填报单位：　　　　　　　2×21 年 04 月 30 日　　　　　　　金额单位：人民币元

盘点现金					差额原因
货币面额	张　数	金　额	项　目	金　额	
100	13	1 300.00	现金账面数	1 600.00	
50	4	200.00	加：收入未记账	—	
20	1	20.00	减：支出未记账	—	无法查明原因
10	4	40.00	调整后现金余额	1 600.00	
5	4	20.00			
2	3	6.00	盘点现金	1 590.00	
1	2	2.00	现金长款		
0.5	1	0.50	现金短款	10.00	
0.2	6	1.20			
0.1	3	0.30			
合　计		1 590.00			

盘点人：张　雨　　　　　　　　　　　　　　出纳：王　琳

表 B-1-13 2/2　　　　　　　　　　现金盘亏审批单

盘点时间：2×21 年 04 月 30 日。

盘亏金额：盘亏 10 元。

盘亏原因：系出纳工作失职所致。

处理意见：根据公司财务制度规定，由出纳补足盘亏金额。

审批意见：同意　陈　宇　2×21 年 04 月 30 日

表 B-1-14 1/2　　　　　中国工商银行客户存款对账单

网点号：1103　　　　币种：人民币（本位币）单位：元　　　2×21年　页号 14
账　号：56011702346　　户名：大宇轴承有限责任公司　　　上页余额：3 005 938.00

日　期	交易类型	凭证号	对方户名	摘要	借方发生额	贷方发生额	余　额	记账信息
04月03日	现金支票	略	略	略	1 000.00		3 004 938.00	略
04月10日	电汇凭证				67 800.00		2 937 138.00	
04月15日	转账支票				2 536.00		2 934 602.00	
04月19日	资金汇划补充凭证				90 400.00		2 844 202.00	
04月23日	资金汇划补充凭证					22 600.00	2 866 802.00	
04月24日	现金支票				548 910.00		2 317 892.00	
04月29日	结算收费凭证				710.00		2 317 182.00	
04月30日	结算收费凭证				6 050.00		2 311 132.00	
04月30日	资金汇划补充凭证					1 000.00	2 312 132.00	

截至 2×21 年 04 月 30 日，账户余额：2 312 132.00 元，可用余额：2 312 132.00 元。

表 B-1-14 2/2　　　　　银行存款余额调节表

　　　　　　　　　　　　年　月　日　　　　　　　　　　　　　单位：元

企业银行存款日记账余额		银行对账单余额	
加：		加：	
减：		减：	
调节后余额		调节后余额	

复核：陈　宇　　　　　　　　　　　制单：王　琳

任务 B-2　应收及预付款项实训原始凭证资料

表 B-2-1 1/4　　　　中国工商银行托收凭证（受理回单）　1

　　　　　　　　　委托日期：2×21年 05 月 03 日　　　　　票据号码：4215

业务类型	委托收款(□邮划、□电划)		托收承付(□邮划、☑电划)			
付款人	全称	湖南机械有限责任公司	收款人	全称	大宇轴承有限责任公司	
	账号	00022713447		账号	56011702346	
	地址	湖南省长沙市/县 开户行 中山路支行		地址	浙江省滨江市/县 开户行 高新支行	
金额	人民币（大写）	壹拾万叁仟柒佰元壹角伍分			亿千百十万千百十元角分 ¥ 　　 1 0 3 7 0 0 1 5	
款项内容	货款		委托收款凭证名称	合同及发票	附寄单证张数	2
商品发运情况	已发运		合同名称号码	购销合同 2×21-5-78		
收款人 行号	115		款项收妥日期			
备注				中国工商银行 滨江高新支行 2×21年05月03日 受理凭证专用章		
		复核：	记账：	年　月　日		

表 B-2-1 2/4

3300202130

浙江增值税专用发票

浙江

No 00750671

此联不作报销、扣税凭证使用　开票日期：2×21年05月03日

购买方	名　　　称	湖南机械有限责任公司						
	纳税人识别号	914301011678603312				密码区	(略)	
	地址、电话	湖南省长沙市中山路145号　28320030						
	开户行及账号	工行中山路支行　00022713447						
货物或应税劳务、服务名称	规格型号	单位	数量	单价	金额	税率	税额
*轴承*直线运动轴承	LM3	套	500	180.00	90 000.00	13%	11 700.00
合　　计					¥90 000.00		¥11 700.00
价税合计(大写)	⊗壹拾万壹仟柒佰元整				(小写)¥101 700.00		
销售方	名　　　称	大宇轴承有限责任公司			备注		
	纳税人识别号	913300011678603318					
	地址、电话	浙江省滨江市高新路202号　87321230					
	开户行及账号	工行滨江高新支行　56011702346					

收款人：　　　复核：　　　开票人：张雨　　　销售方：(章)

表 B-2-1 3/4

3300202130

浙江增值税专用发票

浙江

发票联

No 00664915

开票日期：2×21年05月03日

购买方	名　　　称	湖南机械有限责任公司						
	纳税人识别号	914301011678603312				密码区	(略)	
	地址、电话	湖南省长沙市中山路145号　28320030						
	开户行及账号	工行中山路支行　00022713447						
货物或应税劳务、服务名称	规格型号	单位	数量	单价	金额	税率	税额
*运输服务*国内道路货物运输服务			1	1 835.00	1 835.00	9%	165.15
合　　计					¥1 835.00		¥165.15
价税合计(大写)	⊗贰仟元零壹角伍分				(小写)¥2 000.15		
销售方	名　　　称	滨江市顺丰物流有限责任公司			备注	起运地：滨江市 到达地：长沙市 车种车号：载货车 浙A E269F 运输货物信息：机械	
	纳税人识别号	913101047989048498					
	地址、电话	滨江市裕华东路50号　85456423					
	开户行及账号	建行裕华支行　07292314770					

收款人：　　　复核：　　　开票人：刘峰林　　　销售方：(章)

表 B-2-1 $\frac{4}{4}$ 中国工商银行转账支票

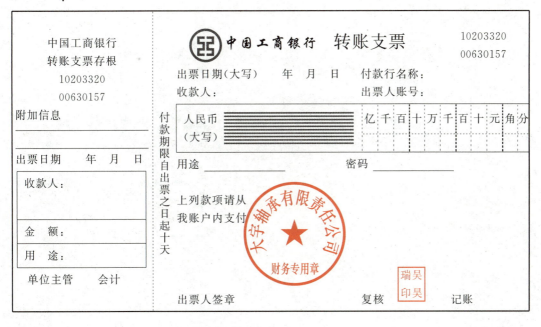

表 B-2-2 商业承兑汇票（卡片）

出票日期(大写) 年 月 日 00920753

付款人	全称			收款人	全称		
	账号或住址				账号或住址		
	开户行		行号 121		开户行		行号 115
出票金额	人民币(大写)						亿千百十万千百十元角分
汇票到期日				交易合同号码			2×21-5-233
本汇票已经承兑到期无条件付款				本汇票请予以承兑于到期日付款			
		陈宇				杜子美	
承兑人签章 承兑日期 年 月 日				出票人签章			

此联收款人开户行随结算凭证寄付款人开户行作付出传票附件

表 B-2-3

浙江增值税专用发票

3300202130

浙江

No 00750672

此联不作报销、扣税凭证使用　开票日期：2×21 年 05 月 06 日

购买方	名　　　　称：滨江佳通汽车有限责任公司 纳税人识别号：91330001012678604213 地　址 、电话：滨江市惠民路45号　62262292 开户行及账号：工行滨江惠民路支行　56034612145	密码区	（略）

货物或应税劳务、服务名称	规格型号	单位	数量	单价	金额	税率	税额
*轴承*SKF进口轴承	6308	套	1 000	100.00	100 000.00	13%	13 000.00
合　　　　计					￥100 000.00		￥13 000.00

价税合计（大写）	⊗壹拾壹万叁仟元整		￥113 000.00

销售方	名　　　　称：大宇轴承有限责任公司 纳税人识别号：91330001167860331 8 地　址 、电话：浙江省滨江市高新路 202 号　87321230 开户行及账号：工行滨江高新支行　56011702346	备注	

收款人：　　　　复核：　　　　开票人：张 雨　　　　销售方：（章）

表 B-2-4　　中国工商银行托收凭证　（汇款依据或收账通知）　4

委托日期：2×21 年 05 月 15 日　　　　票据号码：4215

业务类型	委托收款（□邮划、□电划）　　托收承付（□邮划、☑电划）						
付款人	全称	湖南机械有限责任公司	收款人	全称	大宇轴承有限责任公司		
	账号	00022713477		账号	56011702346		
	地址	湖南省长沙市/县	开户行	中山路支行	地址	浙江省滨江市/县	开户行	高新支行

金额	人民币（大写）	壹拾万叁仟柒佰元整	亿千百十万千百十元角分
			￥　　　1 0 3 7 0 0 0 0

款项内容	货款	委托收款凭证名称	合同及发票	附寄单证张数	2
商品发运情况	已发运		合同名称号码	购销合同 2×21-5-78	
收款人 行号	115		上列款项已划回收入你方账户内。 中国工商银行滨江高新支行 2×21.05.15 转		
备注：			收款人开户银行盖章 2×21年05月15日		
	复核：　　　　记账：				

表 B-2-5　　　　　中国工商银行**进账单**(收账通知)　　3

2×21年05月15日

出票人	全 称	滨江佳通汽车有限责任公司	收款人	全 称	大宇轴承有限责任公司
	账 号	56034612145		账 号	56011702346
	开户银行	滨江惠民路支行		开户银行	工行滨江高新支行

金额	人民币（大写）					亿 千 百 十 万 千 百 十 元 角 分

票据种类	转账支票	票据张数	1
票据号码		02113400	

复核　　　　记账　　　　　　　　　　　收款人开户银行签章

（中国工商银行滨江高新支行　2×21.05.15　转讫）

此联是收款人开户银行交给收款人的收账通知

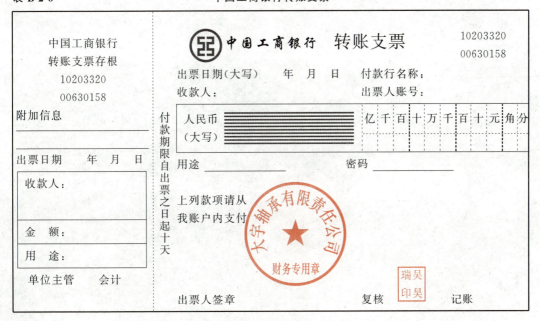

表 B-2-6　　　　　中国工商银行转账支票

表 B-2-7 1/2

浙江增值税专用发票

浙江

3300202130

No 00550001

发票联　　开票日期：2×21 年 05 月 25 日

购买方	名　称：大宇轴承有限责任公司 纳税人识别号：913300011678603318 地址、电话：浙江省滨江市高新路 202 号　87321230 开户行及账号：工行滨江高新支行　56011702346	密码区	（略）

货物或应税劳务、服务名称	规格型号	单位	数量	单价	金额	税率	税额
*黑色金属冶炼压延品*轴承钢		千克	2 800	30.00	84 000.00	13％	10 920.00
合计					¥84 000.00		¥10 920.00

价税合计（大写）　⊗玖万肆仟玖佰贰拾元整　　　　　（小写）¥94 920.00

销售方	名　称：顺达金属制品有限责任公司 纳税人识别号：913300010000019888 地址、电话：浙江省滨江市解放路 14 号　88389911 开户行及账号：工行滨江解放路分理处　56330355321	备注	913300010000019888

收款人：　　　　　复核：　　　　　开票人：徐立　　　　　销售方：（章）

第三联：发票联　购买方记账凭证

表 B-2-7 2/2

中国工商银行转账支票

中国工商银行 转账支票存根 10203320 00630159 附加信息 出票日期　年 月 日 收款人： 金　额： 用　途： 单位主管　　会计	中国工商银行　转账支票　　　　10203320 　　　　　　　　　　　　　　　　　00630159 出票日期（大写）　　年　月　日　付款行名称： 收款人：　　　　　　　　　　　出票人账号： 人民币（大写）　　　　　　　亿千百十万千百十元角分 用途：　　　　　　　密码： 上列款项请从我账户内支付 付款期限自出票之日起十天 出票人签章　　　　　　复核　　　　　记账

表 B-2-8 1/2

中国工商银行电汇凭证(回单) 1   第 005 号

委托日期：2×21 年 05 月 27 日　　　　应解汇款编号：213

汇款人	全称	大宇轴承有限责任公司			收款人	全称	滨江八方汽车租赁有限责任公司		
	账号	56011702346				账号	56323300340		
	汇出地点	浙江省 滨江 市县	汇出行名称	工行高新支行		汇入地点	浙江省 滨江 市县	汇入行名称	工行滨江分行

金额	人民币（大写）	壹万元整	亿 千 百 十 万 千 百 十 元 角 分
			￥1 0 0 0 0 0 0

汇款用途	押金	留行待取预留收款人印鉴
款项已汇入收款人账户 汇出行盖章　2×21 年 05 月 27 日	上列款项已收妥。（收款人盖章）　年 月 日	科目（借）_____ 对方科目（贷）_____ 汇出行汇出日期　年 月 日　复核　出纳　记账

（中国工商银行滨江高新支行 2×21.05.27 转讫）

此联是汇出行给汇款人的回单

表 B-2-8 2/2

车辆押金收据

收款日期：2×21 年 05 月 27 日　　　　No 3412

付款单位	大宇轴承有限责任公司	收款单位	滨江八方汽车租赁有限责任公司	收款项目	租车押金
金额	人民币（大写）壹万元整		百 十 万 千 百 十 元 角 分　￥1 0 0 0 0 0 0		结算方式 电汇

会计：　　　出纳：杜彬　　　经办人：汪勤

第三联 付款单位记账依据

表 B-2-9 1/2　　关于核销因滨江商贸城破产造成坏账损失的请示

董事会：

　　2×19 年 3 月，滨江商贸城从我公司购买 SKF 进口轴承，欠货款 5 000 元。我公司多次去电和派人催收，但滨江商贸城均以无款偿还为由而拒付。2×21 年 2 月初，我们接到滨江市法院通知，滨江商贸城因亏损严重已宣告破产。我公司作为债权人会议成员，派人参加了破产清算工作。2×21 年 5 月 10 日，破产清算工作终结，根据《企业破产法》规定的清偿程序，滨江商贸城财产只够支付职工工资欠款、欠交的税金和归还部分银行贷款，对一般债务已无力偿付。原欠我公司的货款 5 000 元确定为坏账损失，故申请坏账核销。

　　当否，请董事会讨论批示。

　　附：滨江商贸城破产财产分配方案复印件（略）。

业务员：李荣华
销售经理：江建
财务经理：陈宇
2×21 年 05 月 31 日

表 B-2-9 $\frac{2}{2}$

大宇轴承有限责任公司七届七次董事会决议

大宇轴承有限责任公司于2×21年5月31日在公司会议室召开董事会会议。应参加会议董事为5人,实际参加会议董事5人,符合公司章程规定,会议有效。与会董事就本公司坏账核销、对外担保事宜,经过讨论以举手表决方式,以5票赞成,0票反对,审议通过了以下决议。

1. 公司客户滨江商贸城因严重亏损破产,根据其破产财产分配方案,无力偿还一般债务,将其账面所欠货款5 000元作为坏账核销。
2. 向控股子公司滨江机电有限责任公司提供借款担保100万元。

本决议符合《中华人民共和国公司法》的规定。

出席会议的董事签名:　赵　昀　李　达　江　建　陈　宇　吴昊瑞

2×21年05月31日

表 B-2-10　　　　　　　　　　坏账准备计提表

2×21年05月31日

项　目	期末余额	计提比例	已提金额	本期计提金额
应收账款				
其他应收款				

会计: 张 雨　　　　　复核: 陈 宇　　　　　制表: 张 雨

任务 B-3　原材料采用实际成本核算实训原始凭证资料

表 B-3-1

浙江增值税专用发票

浙　江

发　票　联

3300202130

No 00529921

开票日期: 2×21年03月03日

购买方	名　　称: 大宇轴承有限责任公司 纳税人识别号: 91330001167860331 地址、电话: 浙江省滨江市高新路202号　87321230 开户行及账号: 工行滨江高新支行　56011702346	密码区	(略)

货物或应税劳务、服务名称	规格型号	单位	数量	单价	金　额	税率	税　额
*润滑油*轴承专用脂	JYX-13	千克	50	165.00	8 250.00	13%	1 072.50
合　计					￥8 250.00		￥1 072.50

价税合计(大写)	⊗玖仟叁佰贰拾贰元伍角整	(小写)￥9 322.50

销售方	名　　称: 滨江艾森润滑材料有限责任公司 纳税人识别号: 913300012400013863 地址、电话: 浙江省滨江市北京路345号　86702134 开户行及账号: 工行滨江北京路分理处　56330111821	备注	

收款人:　　　　　复核:　　　　　开票人: 张 静　　　　　销售方(章)

表 B-3-2 1/2

浙江增值税专用发票

浙 江

3300202130

No 00529967

发 票 联　　开票日期：2×21年03月05日

| 购买方 | 名　　称：大宇轴承有限责任公司 纳税人识别号：913300011678603318 地址、电话：浙江省滨江市高新路 202 号　87321230 开户行及账号：工行滨江高新支行　56011702346 | 密码区 | （略） | 第三联：发票联　购买方记账凭证 |

货物或应税劳务、服务名称	规格型号	单位	数量	单价	金额	税率	税额
*润滑油*轴承专用脂	JYX-11	千克	100	80.00	8 000.00	13%	1 040.00
合　计					¥8 000.00		¥1 040.00

| 价税合计（大写） | ⊗玖仟零肆拾元整 | （小写）¥9 040.00 |

| 销售方 | 名　　称：滨江艾森润滑材料有限责任公司 纳税人识别号：913300012400013863 地址、电话：浙江省滨江市北京路 345 号　86702134 开户行及账号：工行滨江北京路分理处　56330111821 | 备注 |  |

收款人：　　　　　复核：　　　　　开票人：张 静　　　　　销售方：（章）

表 B-3-2 2/2

收　料　单

供货单位：滨江艾森润滑材料有限责任公司　　　　　凭证编号：105
发票编号：00529967　　　2×21年03月05日　　　　收料仓库：2号仓库

类别	编号	名称	规格	单位	数量		实际成本			
					应收	实收	单价	金额	运费	合计
辅助材料	2002									

备注：

主管：赵 昀　　记账：张 雨　　仓库保管：刘 函　　经办人：张 苹

表 B-3-3

收　料　单

供货单位：嵊州信达润滑油加工有限责任公司　　　　凭证编号：122
发票编号：00458950　　　2×21年03月07日　　　　收料仓库：2号仓库

类别	编号	名称	规格	单位	数量		实际成本			
					应收	实收	单价	金额	运费	合计
辅助材料	2001	轴承专用脂	JYX-8	千克	30	29.5	95.00	2 850.00	0.00	2 850.00

备注：损耗 0.5 千克系运输途中的合理损耗

主管：赵 昀　　记账：张 雨　　仓库保管：刘 函　　经办人：张 苹

表 B-3-4 1/2

浙江增值税专用发票

 3300202130

发票联

No 00459001

开票日期：2×21 年 03 月 10 日

购买方	名　　　称：大宇轴承有限责任公司 纳税人识别号：913300011678603318 地　址、电话：浙江省滨江市高新路 202 号　87321230 开户行及账号：工行滨江高新支行　56011702346	密码区	（略）

货物或应税劳务、服务名称	规格型号	单位	数量	单价	金　额	税率	税　额
*润滑油*轴承专用脂	JYX-8	千克	150	80.00	12 000.00	13%	1 560.00
合　计					￥12 000.00		￥1 560.00
价税合计（大写）	⊗壹万叁仟伍佰陆拾元整				（小写）￥13 560.00		

销售方	名　　　称：嵊州信达润滑油加工有限责任公司 纳税人识别号：913306834400713006 地　址、电话：长春路 102 号　28330122 开户行及账号：工行嵊州城西支行　46330341827	备注	（嵊州信达润滑油加工有限责任公司 913306834400713006 发票专用章）

收款人：　　　复核：　　　开票人：卢森　　　销售方：（章）

表 B-3-4 2/2

浙江增值税专用发票

 3300202130

发票联

No 07834712

开票日期：2×21 年 03 月 10 日

购买方	名　　　称：大宇轴承有限责任公司 纳税人识别号：913300011678603318 地　址、电话：浙江省滨江市高新路 202 号　87321230 开户行及账号：工行滨江高新支行　56011702346	密码区	（略）

货物或应税劳务、服务名称	规格型号	单位	数量	单价	金　额	税率	税　额
*运输服务*国内道路货物运输服务			1	438	438.00	9%	39.42
合　计					￥438.00		￥39.42
价税合计（大写）	⊗肆佰柒拾柒元肆角贰分				（小写）￥477.42		

销售方	名　　　称：嵊州货运有限责任公司 纳税人识别号：913306832100703207 地　址、电话：嵊州市天山路 52 号　35458149 开户行及账号：工行天山支行　0713231477000123402	备注	起运地：嵊州市 到达地：滨江市 车种车号：载货车 浙 D E359F 运输货物信息：轴承专用脂

收款人：　　　复核：　　　开票人：王宁　　　销售方：（章）

表 B-3-5

中国工商银行转账支票

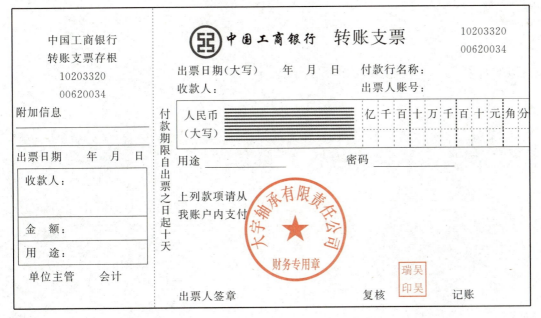

表 B-3-6

收料单

供货单位：嵊州信达润滑油加工有限责任公司　　凭证编号：135
发票编号：00459001　　2×21年03月15日　　收料仓库：2号仓库

类别	编号	名称	规格	单位	数量		实际成本			
					应收	实收	单价	金额	运费	合计
辅助材料	2001									

备注：运费为扣除可抵扣进项税额后的金额

主管：赵昀　　记账：张雨　　仓库保管：刘函　　经办人：张苹

表 B-3-7

中国工商银行电汇凭证（回单）1　　第023号

委托日期：2×21年03月16日　　应解汇款编号：334

		汇款人			收款人	
全 称	大宇轴承有限责任公司		全 称	嵊州信达润滑油加工有限责任公司		
账 号	56011702346		账 号	46330341827		
汇出地点	浙江省 滨江 市县	汇出行名称	工行高新支行	汇入地点 浙江省 嵊州 市县	汇入行名称	工行嵊州城西支行

金额 人民币（大写）：壹万叁仟伍佰陆拾元整　　￥13560 00

汇款用途：货款

款项已汇入收款人账户　　上列款项已收妥。
汇出行盖章　　　　　　（收款人盖章）
2×21年03月16日　　　　年 月 日

留行待取预留收款人印鉴

科目（借）_____
对方科目（贷）_____
汇出行汇出日期　　年 月 日
复核：　　出纳：　　记账：

（中国工商银行滨江高新支行 2×21.03.16 转讫）

此联是汇出行给汇款人的回单

表 B-3-8 收料单

供货单位：嵊州信达润滑油加工有限责任公司　　　　凭证编号：144
发票编号：00459001　　2×21年03月25日　　收料仓库：2号仓库

类别	编号	名称	规格	单位	数量		实际成本			
					应收	实收	单价	金额	运费	合计
辅助材料	2001									

备注：采购发票尚未收到

主管：赵昀　　记账：张雨　　仓库保管：刘函　　经办人：张苹

表 B-3-9 1/2　浙江增值税专用发票

3300202130

浙江

发票联　　开票日期：2×21年03月28日　　No 00434322

购买方	名　　称：大宇轴承有限责任公司 纳税人识别号：913300116678603318 地址、电话：浙江省滨江市高新路202号　87321230 开户行及账号：工行滨江高新支行　56011702346	密码区	（略）

货物或应税劳务、服务名称	规格型号	单位	数量	单价	金额	税率	税额
*润滑油*轴承专用脂	JYX-13	千克	100	150.00	15 000.00	13%	1 950.00
合　计					¥15 000.00		¥1 950.00

价税合计（大写）　⊗壹万陆仟玖佰伍拾元整　　（小写）¥16 950.00

销售方	名　　称：富阳润滑油科技有限责任公司 纳税人识别号：913301832409623057 地址、电话：富阳市富春街道龙山路　38621092 开户行及账号：富阳龙山路分理处　22120346662	备注	

收款人：　　复核：　　开票人：傅清　　销售方：（章）

表 B-3-9 2/2　银行承兑汇票（存根联）3

出票日期（大写）　年　月　日　　00342319

出票人全称		收款人	全　称	
出票人账号			账　号	
付款行全称			开户银行	
出票金额	人民币（大写）			亿千百十万千百十元角分
汇票到期日（大写）	年　月　日	付款人	全　称	115
承兑协议编号	C2014321		地　址	浙江省滨江市高新路202号
本汇票请你行承兑，到期无条件付款。		本汇票已经承兑，到期日由本行付款。		
出票人签章 瑞昊印昊		承兑行签章 生张印函		复核　记账
		承兑日期	年　月　日	

表 B-3-10 $\frac{1}{6}$

领 料 单

领料部门：一车间　　　　　　　　　　　　　　　凭证编号：002
用　　途：直线运动轴承　　　2×21 年 03 月 01 日　　发料仓库：2 号仓库

材料类别	材料名称及规格	材料编号	计量单位	计量 请领	计量 实发	单价	金额（元） 十	万	千	百	十	元	角	分
辅助材料	轴承专用脂 JYX-8	2001	千克	30	30									
辅助材料	轴承专用脂 JYX-11	2002	千克	50	50									
合　计														

记账：张雨　　　　发料：刘函　　　　负责人：李达　　　　领料：孙云

第二联：记账联

表 B-3-10 $\frac{2}{6}$

领 料 单

领料部门：二车间　　　　　　　　　　　　　　　凭证编号：003
用　　途：调心球轴承　　　2×21 年 03 月 01 日　　发料仓库：2 号仓库

材料类别	材料名称及规格	材料编号	计量单位	计量 请领	计量 实发	单价	金额（元） 十	万	千	百	十	元	角	分
辅助材料	轴承专用脂 JYX-8	2002	千克	40	30									
辅助材料	轴承专用脂 JYX-13	2003	千克	20	20									
合　计														

记账：张雨　　　　发料：刘函　　　　负责人：李达　　　　领料：吴敏

第二联：记账联

表 B-3-10 $\frac{3}{6}$

领 料 单

领料部门：一车间　　　　　　　　　　　　　　　凭证编号：027
用　　途：一般消耗　　　2×21 年 03 月 10 日　　发料仓库：2 号仓库

材料类别	材料名称及规格	材料编号	计量单位	计量 请领	计量 实发	单价	金额（元） 十	万	千	百	十	元	角	分
辅助材料	煤油	2007	千克	125	125									
辅助材料	高温油脂	2008	桶	1	1									
合　计														

记账：张雨　　　　发料：刘函　　　　负责人：李达　　　　领料：孙云

第二联：记账联

表 B-3-10 $\frac{4}{6}$

领 料 单

领料部门：一车间　　　　　　　　　　　　　　　　　　　凭证编号：023
用　途：直线运动轴承　　　　2×21年03月16日　　　　　　发料仓库：2号仓库

材料类别	材料名称及规格	材料编号	计量单位	计量 请领	计量 实发	单价	金额（元） 十	万	千	百	十	元	角	分
辅助材料	轴承专用脂JYX-8	2001	千克	50	50									
辅助材料	轴承专用脂JYX-13	2003	千克	85	85									
合　计														

记账：张雨　　　发料：刘函　　　负责人：李达　　　领料：孙云

第二联：记账联

表 B-3-10 $\frac{5}{6}$

领 料 单

领料部门：二车间　　　　　　　　　　　　　　　　　　　凭证编号：024
用　途：调心球轴承　　　　　2×21年03月16日　　　　　　发料仓库：2号仓库

材料类别	材料名称及规格	材料编号	计量单位	计量 请领	计量 实发	单价	金额（元） 十	万	千	百	十	元	角	分
辅助材料	轴承专用脂JYX-8	2001	千克	60	60									
辅助材料	轴承专用脂JYX-13	2003	千克	28	28									
合　计														

记账：张雨　　　发料：刘函　　　负责人：李达　　　领料：吴敏

第二联：记账联

表 B-3-10 $\frac{6}{6}$

发料凭证汇总表

2×21年03月31日

材料/部门及用途	一车间		二车间		合计
	直线运动轴承	一般消耗	调心球轴承	一般消耗	
轴承专用脂JYX-8					
轴承专用脂JYX-11					
轴承专用脂JYX-13					
煤油					
高温油脂					
合　计					

记账：张雨　　　　　　复核：刘函　　　　　　制表：丁一

原材料采用计划成本核算实训

任务 B-4 原始凭证资料

表 B-4-1　收料单

供货单位：顺达金属制品有限责任公司　　　　　　　　　凭证编号：784
发票编号：01679001　　　2×21年12月10日　　　收料仓库：1号仓库

类别	编号	名称	规格	单位	数量		实际成本			
					应收	实收	单价	金额	运费	合计
原料及主要材料	1001									

备注：计划单价30元/千克

主管：赵昀　　记账：张雨　　仓库保管：丁一　　经办人：张苹

表 B-4-2　收料单

供货单位：上海长顺铜制品有限责任公司　　　　　　　　凭证编号：785
发票编号：02339005　　　2×21年12月11日　　　收料仓库：1号仓库

类别	编号	名称	规格	单位	数量		实际成本			
					应收	实收	单价	金额	运费	合计
原料及主要材料	1002	电解铜		千克	3 200	3 000	36	115 200	3 200	118 400

备注：计划单价40元/千克；短缺200千克系运输公司运输过程中保管不善导致失窃所致。

主管：赵昀　　记账：张雨　　仓库保管：丁一　　经办人：张苹

表 B-4-3　运输事故处理与赔偿协议

　　我公司12月10日接受上海长顺铜制品有限责任公司委托发往贵公司的3 200千克电解铜（运输合同12-31号），在运输途中，由于工作人员工作失职，造成电解铜失窃200千克，该事故由我公司承担全部责任。短缺200千克电解铜按上海长顺铜制品有限责任公司和贵公司销售合同约定的单价予以赔偿，应赔偿7 200元，另赔偿相应增值税936元，合计8 136元。我公司承诺在3个工作日内将款项汇入贵公司账号。

收货人：
负责人：江建
2×21年12月13日

承运人：
负责人：连辉
2×21年12月13日

表 B-4-4 中国工商银行电汇凭证（收款通知或取款收据） 4 第 0234 号

委托日期：2×21 年 12 月 15 日　　应解汇款编号：231

汇款人	全称	上海万达物流有限责任公司	收款人	全称	大宇轴承有限责任公司	此联是给收款人的收账通知或代取款收据
	账号	62030082134		账号	56011702346	
	汇出地点	省 上海 市县	汇出行名称	工行上海长桥支行	汇入地点 浙江省 滨江 市县	汇入行名称 工行滨江高新支行

金额	人民币（大写）	捌仟壹佰叁拾陆元整		亿	千	百	十	万	千	百	十	元	角	分
								¥	8	1	3	6	0	0

汇款用途	运输事故赔偿款	留行待取预留收款人印鉴
上列款项已代进账，如有错误，请持此联来行面洽。 汇入行盖章 2×21 年 12 月 15 日	上列款项已收妥。 （收款人盖章） 年 月 日	科目（借）_____ 对方科目（贷）_____ 汇出行汇出日期 年 月 日 复核　出纳　记账

（中国工商银行滨江高新支行 2×21.12.15 转讫）

表 B-4-5　1/4　上海增值税专用发票

3100204130　　　　　　　上　海　　　　　　№00932102

发票联　　开票日期：2×21 年 12 月 15 日

购买方	名　　称：大宇轴承有限责任公司 纳税人识别号：913300011678603318 地址、电话：浙江省滨江市高新路 202 号　87321230 开户行及账号：工行滨江高新支行　56011702346	密码区	（略）

货物或应税劳务、服务名称	规格型号	单位	数量	单价	金　额	税率	税　额
*有色金属冶炼压延品*电解铜		千克	1 200	41.00	49 200.00	13%	6 396.00
合　计					¥ 49 200.00		¥ 6 396.00

价税合计（大写）	⊗伍万伍仟伍佰玖拾陆元整	（小写）¥ 55 596.00

销售方	名　　称：上海长顺铜制品有限责任公司 纳税人识别号：913101010734900122 地址、电话：上海罗香路 142 号　34901290 开户行及账号：工行上海长桥支行　62030089312	备注	

收款人：　　　复核：　　　开票人：钱 松　　　销售方：（章）

（上海长顺铜制品有限责任公司 发票专用章 13101010734900122）

第三联：发票联 购买方记账凭证

表 B-4-5 2/4

上海增值税专用发票
上 海
发 票 联

3100204130

No 00434765
开票日期：2×21 年 12 月 15 日

购买方	名　　　称	大宇轴承有限责任公司					密码区		（略）	
	纳税人识别号	913300011678603318								
	地址、电话	浙江省滨江市高新路202号　87321230								
	开户行及账号	工行滨江高新支行　56011702346								
货物或应税劳务、服务名称		规格型号	单位	数量	单价	金　额		税率	税　额	
*运输服务*国内道路货物运输服务				1	2 500	2 500.00		9%	225.00	
合　　计						￥2 500.00			￥225.00	
价税合计（大写）		⊗ 贰仟柒佰贰拾伍元整						（小写）￥2 725.00		
销售方	名　　　称	上海万达物流有限责任公司				备注	起运地：上海市			
	纳税人识别号	913101532300511112					到达地：滨江市			
	地址、电话	上海市北京路42号　35458152					车种车号：载货车 沪 F E246F			
	开户行及账号	工行北京路支行　071323147700012					运输货物信息：电解铜			

收款人：　　　　复核：　　　　开票人：　　　　销售方：（章）

表 B-4-5 3/4

中国工商银行转账支票

中国工商银行 转账支票存根 10203320 07673100 附加信息 出票日期　年　月　日 收款人： 金　额： 用　途： 单位主管　会计	中国工商银行　转账支票　10203320　07673100　出票日期（大写）　年　月　日　付款行名称：　收款人：　出票人账号：　人民币（大写）　亿千百十万千百十元角分　用途：　密码：　上列款项请从我账户内支付　付款期限自出票之日起十天　出票人签章　复核　记账

表 B-4-5 4/4   中国工商银行转账支票

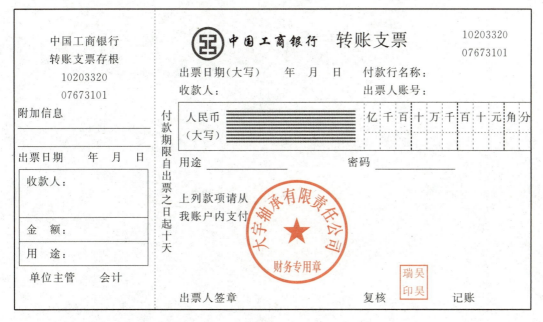

表 B-4-6 1/2

 3300202130

浙江增值税专用发票

浙江

No 01250781

发票联　开票日期：2×21 年 12 月 19 日

购买方	名　　称：大宇轴承有限责任公司 纳税人识别号：913300011678603318 地 址、电 话：浙江省滨江市高新路 202 号　87321230 开户行及账号：工行滨江高新支行　56011702346	密码区	（略）

货物或应税劳务、服务名称	规格型号	单位	数量	单价	金额	税率	税额
*黑色金属冶炼压延品*轴承钢		千克	1 400	32.00	44 800.00	13%	5 824.00
合　　计					¥44 800.00		¥5 824.00

价税合计（大写）	⊗伍万零陆佰贰拾肆元整	（小写）¥50 624.00

销售方	名　　称：顺达金属制品有限责任公司 纳税人识别号：913300010000019888 地 址、电 话：浙江省滨江市解放路 14 号　88389911 开户行及账号：工行滨江解放路分理处　56330355321	备注	

收款人：　　　　复核：　　　　开票人：徐立　　　　销售方：（章）

第三联：发票联　购买方记账凭证

表 B-4-6 2/2

收料单

供货单位：顺达金属制品有限责任公司 凭证编号：805
发票编号：01250781 2×21年12月19日 收料仓库：1号仓库

类别	编号	名称	规格	单位	数量		实际成本			
					应收	实收	单价	金额	运费	合计
原料及主要材料	1001									

备注：计划单价 30 元/千克

主管 赵昀 记账 张雨 仓库保管 丁一 经办人 张苹

表 B-4-7

收料单

供货单位：顺达金属制品有限责任公司 凭证编号：802
发票编号：00932102 2×21年12月15日 收料仓库：1号仓库

类别	编号	名称	规格	单位	数量		实际成本			
					应收	实收	单价	金额	运费	合计
原料及主要材料	1002									

备注：计划单价 40 元/千克

主管 赵昀 记账 张雨 仓库保管 丁一 经办人 张苹

表 B-4-8 1/4

上海增值税专用发票

上海

发票联

No 00832322
开票日期：2×21年12月25日

购买方	名　　称：大宇轴承有限责任公司
	纳税人识别号：9133000116786033l8
	地　址、电话：浙江省滨江市高新路202号　87321230
	开户行及账号：工行滨江高新支行　56011702346

密码区：（略）

货物或应税劳务、服务名称	规格型号	单位	数量	单价	金　额	税率	税　额
*有色金属冶炼压延品*电解铜		千克	6 000	45.00	270 000.00	13%	35 100.00
合　计					¥270 000.00		¥35 100.00

价税合计（大写）　⊗叁拾万伍仟壹佰元整　（小写）¥305 100.00

销售方	名　　称：上海长顺铜制品有限责任公司
	纳税人识别号：913101010734900122
	地　址、电话：上海罗香路142号　34901290
	开户行及账号：工行上海长桥支行　62030089312

收款人：　　复核：　　开票人：钱松　　销售方：（章）

第三联：发票联　购买方记账凭证

表 B-4-8 2/4

上海增值税专用发票

上 海

发 票 联　　开票日期：2×21年12月25日

No.00434766

3100204130

购买方	名　　称：大宇轴承有限责任公司 纳税人识别号：913300011678603318 地址、电话：浙江省滨江市高新路202号 87321230 开户行及账号：工行滨江高新支行 56011702346	密码区	（略）

货物或应税劳务、服务名称	规格型号	单位	数量	单价	金额	税率	税额
*运输服务*国内道路货物运输服务			1	8 000	8 000.00	9%	720.00
合　计					¥8 000.00		¥720.00

价税合计（大写）	⊗捌仟柒佰贰拾元整	（小写）¥8 720.00

销售方	名　　称：上海万达物流有限责任公司 纳税人识别号：913101532300511112 地址、电话：上海市北京路42号 35458152 开户行及账号：工行北京路支行 071323147700012	备注	起运地：上海市 到达地：滨江市 车种车号：载货车（沪）F246E 运输货物信息：电解铜

收款人：　　　　复核：　　　　开票人：　　　　销售方：（章）

第三联：发票联 购买方记账凭证

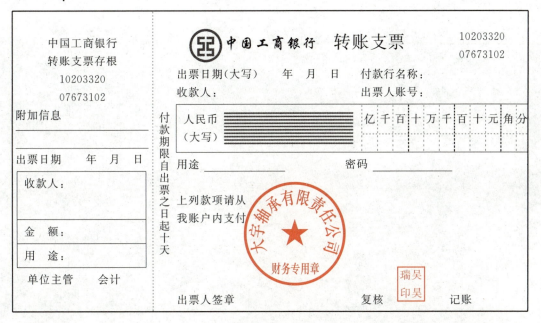

表 B-4-8 3/4

中国工商银行转账支票

表 B-4-8 $\frac{4}{4}$

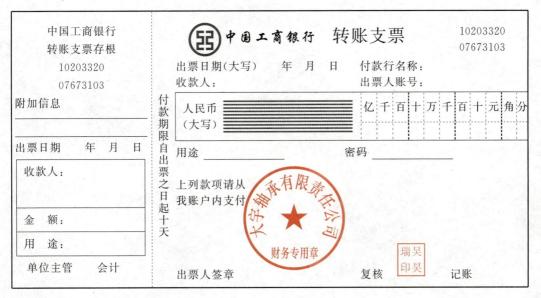

表 B-4-9 $\frac{1}{5}$

限额领料单

领料部门：一车间　　　　　2×21年12月　　　　　编号：00240041

用途：直线运动轴承　　　　　　　　　　　　　　发料仓库：1号仓库

材料类别		材料编号	材料名称及规格	计量单位	领用限额	实际领用	单价	金额	备注
原料及主要材料		1001	轴承钢	千克	1 000	900	30	27 000	
采购部门负责人：赵昀						厂部负责人：李达			
日期	数量		领料人签章	发料人签章		退料			限额结余
	请领	实发				数量	收料人	发料人	
12.01	300	300	孙 云	丁 一					700
12.05	100	100	孙 云	丁 一					600
12.16	400	400	孙 云	丁 一					200
12.22	100	100	孙 云	丁 一					100
合计	900	900							

表 B-4-9 $\frac{2}{5}$

限额领料单

领料部门：一车间　　　　　2×21年12月　　　　　编号：00240042

用途：直线运动轴承　　　　　　　　　　　　　　发料仓库：1号仓库

材料类别		材料编号	材料名称及规格	计量单位	领用限额	实际领用	单价	金额	备注
原料及主要材料		1002	电解铜	千克	800	720	40	28 800	
采购部门负责人：赵昀						厂部负责人：李达			
日期	数量		领料人签章	发料人签章		退料			限额结余
	请领	实发				数量	收料人	发料人	
12.01	240	240	孙 云	丁 一					560
12.05	80	80	孙 云	丁 一					480
12.16	320	320	孙 云	丁 一					160
12.22	80	80	孙 云	丁 一					80
合计	720	720							

表 B-4-9 $\frac{3}{5}$　　　　　　　　　　　　限额领料单

领料部门：二车间　　　　　　　　　　　　　　　　　　　　　　　编号：00240043
用途：调心球轴承　　　　　　　2×21 年 12 月　　　　　　　　　发料仓库：1 号仓库

材料类别	材料编号	材料名称及规格	计量单位	领用限额	实际领用	单价	金额	备注
原料及主要材料	1001	轴承钢	千克	1 800	1 600	30	48 000	
采购部门负责人：赵昀					厂部负责人：李达			

| 日期 | 数量 | | 领料人签章 | 发料人签章 | 退料 | | | 限额结余 |
	请领	实发			数量	收料人	发料人	
12.01	500	500	吴敏	丁一				1 300
12.05	300	300	吴敏	丁一				1 000
12.16	400	400	吴敏	丁一				600
12.22	400	400	吴敏	丁一				200
合计	1 600	1 600						

表 B-4-9 $\frac{4}{5}$　　　　　　　　　　　　限额领料单

领料部门：二车间　　　　　　　　　　　　　　　　　　　　　　　编号：00240044
用途：调心球轴承　　　　　　　2×21 年 12 月　　　　　　　　　发料仓库：1 号仓库

材料类别	材料编号	材料名称及规格	计量单位	领用限额	实际领用	单价	金额	备注
原料及主要材料	1002	电解铜	千克	2 500	2 400	40	96 000	
采购部门负责人：赵昀					厂部负责人：李达			

| 日期 | 数量 | | 领料人签章 | 发料人签章 | 退料 | | | 限额结余 |
	请领	实发			数量	收料人	发料人	
12.01	600	600	吴敏	丁一				1 900
12.05	400	400	吴敏	丁一				1 500
12.16	900	900	吴敏	丁一				600
12.22	500	500	吴敏	丁一				100
合计	2 400	2 400						

表 B-4-9 $\frac{5}{5}$　　　　　　　　　　　　发料凭证汇总表

2×21 年 12 月 31 日

| 部门及用途/材料 | | 轴承钢 | | | 电解铜 | | | 合计 |
		计划成本	材料成本差异	小计	计划成本	材料成本差异	小计	
一车间	直线运动轴承							
二车间	调心球轴承							
合计								

记账：张雨　　　　　　　　复核：刘函　　　　　　　　制表：丁一

表 B-4-10 $\frac{1}{2}$

实存账存对比表

2×21 年 12 月 31 日

名称	计量单位	单价	实存数		账存数		实存与账存对比				备注
			数量	金额	数量	金额	盘盈		盘亏		
							数量	金额	数量	金额	
⋮	⋮	⋮	⋮	⋮	⋮	⋮	⋮	⋮	⋮	⋮	⋮
轴承钢	千克	30	3 220	96 600	3 200	96 000	20	600			计量差错
电解铜	千克	40	3 780	151 200	3 880	155 200			100	4 000	失窃
⋮	⋮	⋮	⋮	⋮	⋮	⋮	⋮	⋮	⋮	⋮	⋮
合计											

会计人员签章 张雨   稽核人员签章 张祥

表 B-4-10 $\frac{2}{2}$

材料盘盈盘亏报告单

部门：2号仓库   2×21 年 12 月 31 日

编号	品名规格	单位	账面数量	实存数量	盘盈		盘亏		原因
					数量	金额	数量	金额	
1	轴承钢	千克	3 200	3 220	20	600			计量差错
2	电解铜	千克	3 880	3 780			100	4 000	失窃
⋮	⋮	⋮	⋮	⋮	⋮	⋮	⋮	⋮	⋮
处理意见	收发计量差错造成的盘盈冲减"管理费用"；电解铜失窃 100 千克，保管员丁一工作失职，按照公司有关制度规定损失全部由丁一负责赔偿。 清查小组组长 李达								
审批意见	同意清查小组意见。 总经理：江建								

第三联：财会入账联

表 B-4-11

存货减值测试表

2×21 年 12 月 31 日

编号	品名规格	单位	账面余额	材料成本差异	实际账面成本	可变现净值	减值金额	已提跌价准备
1	轴承钢	千克				92 400		0
2	电解铜	千克				174 600		0
⋮	⋮	⋮	⋮	⋮	⋮	⋮	⋮	⋮

减值测试小组 赵昀   总经理：江建

任务 B-5　固定资产实训原始凭证资料

表 B-5-1 1/4

3100194130

上海增值税专用发票

上海

No 00102122

发票联　　　开票日期：2×18 年 11 月 12 日

购买方	名　　称	大宇轴承有限责任公司	密码区	（略）			第三联：发票联　购买方记账凭证
	纳税人识别号	913300011678603318					
	地址、电话	浙江省滨江市高新路 202 号　87321230					
	开户行及账号	工行滨江高新支行　56011702346					

货物或应税劳务、服务名称	规格型号	单位	数量	单价	金额	税率	税额
*机床*锻压生产线		条	1	2 000 000.00	2 000 000.00	13％	260 000.00
合　计					￥2 000 000.00		￥260 000.00
价税合计（大写）	⊗ 贰佰贰拾陆万元整				（小写）￥2 260 000.00		

销售方	名　　称	上海锻压机床有限责任公司	备注	
	纳税人识别号	913101010732300098		
	地址、电话	上海宝山区沪太路 1120 号　28341208		
	开户行及账号	工行上海沪太路分理处　552389002		

收款人：　　　复核：　　　开票人：孙毅　　　销售方：（章）

表 B-5-1 2/4　　　中国工商银行转账支票

中国工商银行 转账支票存根 10203320 08113480	中国工商银行　转账支票　10203320 08113480
附加信息	出票日期（大写）　年　月　日　付款行名称： 收款人：　　　　　　　　　　　出票人账号：
出票日期　年　月　日	人民币（大写）　　　　　亿千百十万千百十元角分
收款人：	用途　　　　　　　　　密码
金额：	上列款项请从我账户内支付
用途：	
单位主管　会计	出票人签章　　　　　　复核　　　　记账

表 B-5-1 3/4

上海增值税专用发票

上海

No 00434767

发 票 联   开票日期：2×18 年 11 月 12 日

3100194130

购买方	名　称：大宇轴承有限责任公司 纳税人识别号：913300011678603318 地址、电话：浙江省滨江市高新路 202 号　87321230 开户行及账号：工行滨江高新支行　56011702346	密码区	（略）

货物或应税劳务、服务名称	规格型号	单位	数量	单价	金　额	税率	税　额
*运输服务*国内道路货物运输服务					77 600.00	9%	6 984.00
合　计					¥77 600.00		¥6 984.00

价税合计（大写）	⊗捌万肆仟伍佰捌拾肆元整	（小写）¥84 584.00

销售方	名　称：上海万达物流有限责任公司 纳税人识别号：913101532300511112 地址、电话：上海市北京路 42 号　35458152 开户行及账号：工行北京路支行　071323147700012	备注	起运地：上海市 到达地：滨江市 车种车号：载货车（沪F E246E） 运输货物信息：锻压生产线

收款人：　　　　　复核：　　　　　开票人：　　　　　销售方：（章）

第三联：发票联　购买方记账凭证

表 B-5-1 4/4

中国工商银行转账支票

中国工商银行 转账支票存根 10203320 08113481 附加信息 出票日期　年 月 日 收款人： 金　额： 用　途： 单位主管　　会计	中国工商银行　转账支票　10203320　08113481 出票日期（大写）　年 月 日　付款行名称： 收款人：　　　　　　　　　　　出票人账号： 人民币（大写）　　　　　亿千百十万千百十元角分 用途　　　　　　　密码 上列款项请从我账户内支付 付款期限自出票之日起十天 出票人签章　　　　　复核　　　记账

表 B-5-2　　　　　　　　　　　固定资产验收单

编号：13-149

名　　称	锻压生产线	出厂编号	940107
型号（规格）	YDH33	原　值	
生产厂家	上海锻压机床有限责任公司	购入日期	2×18 年 12 月 10 日
主要技术参数：略			
随机附件及数量：略			
随机资料：略			
设备安装调试情况：安装调试完成。			
设备验收结论：生产线工作正常，可正式投入使用。			
参加验收人员	金建华　李　达　张　明　叶　文　孙　云		
备注：			
保管部门签章	金建华	日期：2×18.12.10	
使用部门签章	孙　云	日期：2×18.12.10	

注：一式三份，资产管理部门一份，使用部门一份，生产厂家一份。

表 B-5-3　　　　　　　　　　**上海增值税专用发票**

3100201130

上　海

№ 00024169

发　票　联　　　　　开票日期：2×20 年 03 月 05 日

购买方	名　　称：大宇轴承有限责任公司 纳税人识别号：913300011678603318 地址、电话：浙江省滨江市高新路 202 号　87321230 开户行及账号：工行滨江高新支行　56011702346	密码区	（略）
货物或应税劳务、服务名称	规格型号	单位	数量	单价	金　额	税率	税　额
*劳务*修理修配					30 000.00	13%	3 900.00
合　　计					￥30 000.00		￥3 900.00
价税合计（大写）	⊗叁万叁仟玖佰元整				（小写）￥33 900.00		
销售方	名　　称：上海锻压机床有限责任公司 纳税人识别号：913101010732300098 地址、电话：上海宝山区沪太路 1120 号　28341208 开户行及账号：工行上海沪太路分理处　552389002	备注	

收款人：　　　　复核：　　　　开票人：孙　毅　　　　销售方：（章）

第三联：发票联　购买方记账凭证

表 B-5-4 1/2　　　　　　　大宇轴承有限责任公司五届十五次董事会决议

大宇轴承有限责任公司于2×20年12月25日在公司会议室召开董事会会议。应参加会议董事为5人，实际参加会议董事5人，符合公司章程规定，会议有效。会议审议通过了以下决议。

公司于2×18年12月购入的锻压生产线账面原值_____元，累计折旧_____元，净值_____元，未计提过减值准备。由于该生产线生产的产品不符合市场需求，产品定价较低，经认定该锻压生产线预计可收回金额为150万元，已发生减值。根据《企业会计准则》、公司财务制度的规定，对该项固定资产计提减值准备_____元。计提减值后，该设备原预计使用年限、预计净残值、折旧方法保持不变。

本决议符合《中华人民共和国公司法》的规定。

出席会议的董事签名：　赵 昀　李 达　江 建　陈 宇　吴昊瑞

2×20年12月25日

表 B-5-4 2/2　　　　　　　固定资产减值准备提取计算表

　　　　　　　　　　　2×20年12月31日　　　　　　　　金额单位：元

固定资产名称	账面原值	累计折旧	账面净值	预计可收回金额	应计提减值准备
合　计					

会计：张 雨　　　　　　　复核：陈 宇　　　　　　　制表：张 雨

表 B-5-5 1/3　　　　　　　　　收　据

　　　　　　　　　收款日期：2×21年07月01日　　　　　　　No.1012

会计：张 雨　　　　　出纳：王 琳　　　　　经办人：吴宝亮

中国工商银行 进账单（收账通知）

表 B-5-5 2/3

2×21 年 07 月 01 日

出票人	全称	祥和百货有限责任公司	收款人	全称	大宇轴承有限责任公司
	账号	56011333421		账号	56011702346
	开户银行	工商银行滨江高新支行		开户银行	工商银行滨江高新支行

金额	人民币（大写）	贰仟贰佰陆拾元整	亿	千	百	十	万	千	百	十	元	角	分
								¥	2	2	6	0	0	0

票据种类	转账支票	票据张数	1
票据号码	04351009		

复核　　记账

收款人开户银行签章：中国工商银行滨江高新支行 2×21.07.01 转讫

此联是收款人开户银行交给收款人的收账通知

浙江增值税专用发票

表 B-5-5 3/3

3300202130

No 00760981

此联不作报销、扣税凭证使用　开票日期：2×21 年 07 月 01 日

购买方	名　称	祥和百货有限责任公司	密码区	（略）
	纳税人识别号	9133000129879705326		
	地址、电话	滨江市惠民路 70 号　65062211		
	开户行及账号	工行滨江高新支行　56011333421		

货物或应税劳务、服务名称	规格型号	单位	数量	单价	金额	税率	税额
*经营租赁*设备租赁		台	1	2 000.00	2 000.00	13%	260.00
合　计					¥2 000.00		¥260.00

价税合计（大写）　⊗贰仟贰佰陆拾元整　　　　（小写）¥2 260.00

销售方	名　称	大宇轴承有限责任公司	备注	
	纳税人识别号	9133000116 78603318		
	地址、电话	浙江省滨江市高新路 202 号　87321230		
	开户行及账号	工行滨江高新支行　56011702346		

收款人：　　　复核：　　　开票人：张雨　　　销售方：（章）

表 B-5-6　　　　　　　　　大宇轴承有限责任公司六届十六次董事会决议

　　大宇轴承有限责任公司于 2×21 年 12 月 31 日在公司会议室召开董事会会议。应参加会议董事为 5 人，实际参加会议董事 5 人，符合公司章程规定，会议有效。会议审议通过了以下决议。

　　1. 公司于 2×18 年 12 月购入的锻压生产线，截至 2×21 年 12 月 31 日，账面原值_____元，累计折旧_____元，净值_____元，计提减值准备_____元。由于该生产线生产的产品不符合市场需求，经研究决定调整公司产品结构，委托滨江机械工业大学机械研究所对该锻压生产线进行技术改造。自即日起，该锻压生产线停止使用。

　　……

本决议符合《中华人民共和国公司法》的规定。

出席会议的董事签名：赵　昀　李　达　江　建　陈　宇　吴昊瑞

2×21 年 12 月 31 日

表 B-5-7　　　　　　　　　中国工商银行转账支票

中国工商银行转账支票存根	中国工商银行 转账支票	10203320 00447812
10203320 00447812 附加信息_____ 出票日期　年　月　日 收款人： 金　额： 用　途： 单位主管　　会计	出票日期(大写)　年　月　日　付款行名称： 收款人：　　　　　　　　　　出票人账号： 人民币(大写)　　　　　　　亿千百十万千百十元角分 用途_____　　　密码_____ 上列款项请从我账户内支付 付款期限自出票之日起十天 出票人签章　　　　复核　　　记账	

表 B-5-8　　　　　　　　　　　工程验收单

　　　　　　　　　　　　　　　2×22 年 03 月 12 日

甲方：大宇轴承有限责任公司
乙方：滨江机械工业大学机械研究所

序号	验收项目名称	验收结果
1	锻压生产线技术改造	合格
整体工程验收结果	经生产测试，产品达到有关合同约定的技术要求。	

甲方代表：江 建　　　　　　　　　　　　　　乙方代表：董 荣

表 B-5-9 1/2　　　　　中国工商银行转账支票

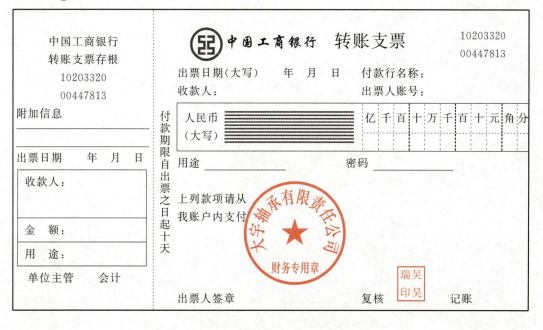

表 B-5-9 2/2　　　　滨江市行政事业单位收款收据　　　No 000340781

　　　　　　　　　　2×22 年 03 月 15 日

交款单位（或交款人）	大宇轴承有限责任公司				
项目	单位	数量	单价	金额	备注
锻压生产线技术改造		1	300 000.00	300 000.00	
人民币(大写)合计	叁拾万元整				

收款单位(公章)：　　　　　负责人：葛 飞　　　　　经办人：王 娜

表 B-5-10 1/2

浙江增值税专用发票

浙江

No 03424107

发 票 联　　开票日期：2×22 年 07 月 15 日

购买方	名　　称：大宇轴承有限责任公司 纳税人识别号：913300011678603318 地　址、电　话：浙江省滨江市高新路 202 号　87321230 开户行及账号：工行滨江高新支行　56011702346	密码区	（略）

货物或应税劳务、服务名称	规格型号	单位	数量	单价	金额	税率	税额
*电子计算机*惠普计算机	dv4-1212TX	台	5	5 440.00	27 200.00	13%	3 536.00
合　　计					¥27 200.00		¥3 536.00
价税合计（大写）	⊗叁万零柒佰叁拾陆元整				（小写）¥30 736.00		

销售方	名　　称：滨江五星电子有限责任公司 纳税人识别号：913300010730302496 地　址、电　话：滨江高新路 115 号　87323329 开户行及账号：工商银行滨江高新支行　56011700021	备注	

收款人：　　　　　复核：　　　　　开票人：吴伟　　　　　销售方：（章）

表 B-5-10 2/2

固定资产验收单

编号：17-221

设备名称	惠普计算机	出厂编号	y3z200234＝y3z 200238
型号（规格）	dv4-1212TX	原值	_____（5 台）
生产厂家	中国惠普有限责任公司 深圳分公司	购入日期	2×22 年 07 月 15 日

主要技术参数：略。
随机附件及数量：略。
随机资料：略。
设备安装调试情况：安装调试完成。
设备验收结论：合格。
参加验收人员：金建华　吴宝亮　李庆
备注：
保管部门签名：金建华　　日期：2×22.07.15
使用部门签名：吴宝亮　　日期：2×22.07.15

注：一式三份，资产管理部门一份，使用部门一份，生产厂家一份。

表 B-5-11 1/6

固定资产报废审批表

资产名称	锻压生产线	原值		购建时间	2×22年03月
规格型号	略	已提折旧		规定使用年限	8年
单价	略	净值		已使用时间	5个月
数量	略	已提减值		预提残值	

申请原因：
该锻压生产线在2×22年8月遭受台风袭击，受到严重毁损，不能正常使用，且无维修价值，申请报废。

资产管理部门意见： 同意报废 负责人（签字）：金建华	财务部门意见： 同意报废 负责人（签字）：陈宇	总经理意见： 同意报废 负责人签字：江建 2022年08月12日

注：此表一式四份：申报部门2份，资产管理部门、财务部门各一份。

表 B-5-11 2/6

浙江增值税专用发票

浙 江

发 票 联　　　　开票日期：2×22年08月13日

No 00491566

购买方	名　　称：大宇轴承有限责任公司 纳税人识别号：913300011678603318 地址、电话：浙江省滨江市高新路202号　87321230 开户行及账号：工行滨江高新支行　56011702346	密码区	（略）

货物或应税劳务、服务名称	规格型号	单位	数量	单价	金额	税率	税额
*黑色金属冶炼压延品*报废机床			1	44 247.79	44 247.79	13%	5 752.21
合　计					￥44 247.79		￥5 752.21
价税合计（大写）	⊗伍万元整					（小写）￥50 000	

销售方	名　　称：滨江市嘉运废品回收有限责任公司 纳税人识别号：913101067889030068 地址、电话：滨江市青山路158号　45648665 开户行及账号：建行青山路支行　07247709231	备注	

收款人：　　　复核：　　　开票人：林一杰　　　销售方：（章）

表 B-5-11 $\frac{3}{6}$

中国工商银行 进账单（收账通知）

2×22年08月13日

3

出票人	全　称	滨江市嘉运废品回收有限责任公司	收款人	全　称	大宇轴承有限责任公司	此联是收款人开户银行交给收款人的收账通知
	账　号	56051344425		账　号	56011702346	
	开户银行	工商银行滨江高新支行		开户银行	工商银行滨江高新支行	

金额	人民币（大写）	伍万元整	亿 千 百 十 万 千 百 十 元 角 分
			￥ 5 0 0 0 0 0 0 0

票据种类	转账支票	票据张数	1	
票据号码	87652211			中国工商银行滨江高新支行 2×22.08.13 转讫
	复核	记账		收款人开户银行签章

表 B-5-11 $\frac{4}{6}$

中国平安保险股份有限责任公司

理赔批单

大宇轴承有限责任公司：

根据083001763赔案号，理赔已结案，现责任批改如下：

保单号	保险责任	保　额	给付金额	剩余保额
02A55720	财产保险	10 000 000.00	1 300 000.00	8 700 000.00
总　计			1 300 000.00	

中国平安保险股份有限责任公司滨江分公司

2×22年08月17日

表 B-5-11 $\frac{5}{6}$

中国工商银行 进账单（收账通知）

2×22年08月20日   3

出票人	全称	中国平安保险股份有限责任公司	收款人	全称	大宇轴承有限责任公司	此联是收款人开户银行交给收款人的收账通知
	账号	21341004828		账号	56011702346	
	开户银行	工商银行滨江兰湖支行		开户银行	工商银行滨江高新支行	

金额	人民币（大写）	壹佰叁拾万元整	亿 千 百 十 万 千 百 十 元 角 分
			¥ 1 3 0 0 0 0 0 0 0

票据种类	转账支票	票据张数	1
票据号码	86655210		

（中国工商银行滨江高新支行 2×22.08.20 转讫）

复核　　记账　　　　　　　　收款人开户银行签章

表 B-5-11 $\frac{6}{6}$

固定资产清理损益计算表

2×22年08月20日

清理项目	锻压生产线	清理原因	遭台风袭击，报废
固定资产清理借方发生额		固定资产清理贷方发生额	
清理支出内容	金额	清理收入内容	金额
固定资产净值		残料变价收入	
		保险公司赔偿	
借方合计		贷方合计	

固定资产清理　净收益　　金额：人民币 ＿＿＿＿＿＿＿＿
　　　　　　　净损失

会计：张雨　　　　　复核：陈宇　　　　　制表：张雨

表 B-5-12

固定资产折旧计算表
2×22 年 12 月

使用部门	固定资产项目	上月折旧额	上月增加固定资产		上月减少固定资产		本月折旧额
			原值	折旧额	原值	折旧额	
一车间	房屋及建筑物	10 000.00					
	专用设备	20 500.00	20 000.00				
	其他	900.00					
	小计	31 400.00	20 000.00				
二车间	房屋及建筑物	10 000.00					
	专用设备	12 000.00	40 000.00				
	小计	22 000.00	40 000.00				
行政管理部门	房屋及建筑物	12 000.00					
	运输工具	4 000.00			40 000.00		
	其他	5 000.00			3 000.00		
	小计	21 000.00			43 000.00		
销售部门	其他	2 000.00					
经营租出	专用设备	1 500.00					
合计		77 900.00	60 000.00		43 000.00		

会计：张 雨　　　复核：陈 宇　　　制表：张 雨

任务 B-6　无形资产实训原始凭证资料

表 B-6-1 $\frac{1}{2}$

3300191130

浙江增值税专用发票
浙江

No 23098745

发票联　　开票日期：2×19 年 01 月 03 日

购买方	名　称：大宇轴承有限责任公司 纳税人识别号：913300116678603318 地址、电话：浙江省滨江市高新路 202 号　87321230 开户行及账号：工行滨江高新支行　56011702346	密码区	（略）

货物或应税劳务、服务名称	规格型号	单位	数量	单价	金额	税率	税额
*无形资产*高温轴承专利		项	1	360 000.00	360 000.00	6%	21 600.00
合　计					¥360 000.00		¥21 600.00

价税合计（大写）	⊗叁拾捌万壹仟陆佰元整	（小写）¥381 600.00

销售方	名　称：滨江机械工业大学研究所 纳税人识别号：913301832409M23056 地址、电话：滨江市中山路 5 号　87423969 开户行及账号：滨江中山路支行　37180567998	备注	

收款人：　　　复核：　　　开票人：查 方　　　销售方：（章）

表 B-6-1 2/2

中国工商银行转账支票

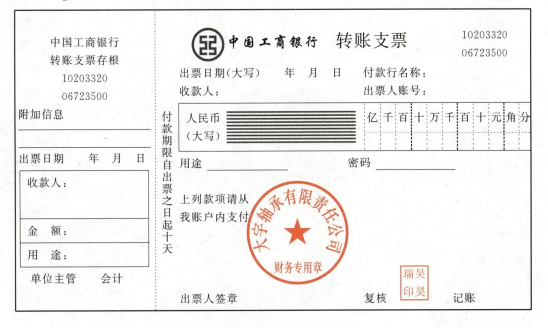

表 B-6-2 1/2

3101202130

上海增值税专用发票
上海

发票联　　开票日期：2×20 年 05 月 06 日　　No 24134567

购买方	名　称：大宇轴承有限责任公司 纳税人识别号：913300011678603318 地址、电话：浙江省滨江市高新路 202 号　87321230 开户行及账号：工行滨江高新支行　56011702346	密码区	(略)

货物或应税劳务、服务名称	规格型号	单位	数量	单　价	金　额	税率	税额
*无形资产*防锈防腐专有技术		项	1	200 000.00	200 000.00	6%	12 000.00
合　　计					￥200 000.00		￥12 000.00
价税合计（大写）	⊗ 贰拾壹万贰仟元整				（小写）￥212 000.00		

销售方	名　称：上海万方轴承有限责任公司 纳税人识别号：913101776011340336 地址、电话：上海市浦东春兰街道龙山路　88621092 开户行及账号：上海浦东龙山路分理处　33120346797	备注	

收款人：　　　　　复核：　　　　　开票人：万峰　　　　　销售方：（章）

表 B-6-2 2/2   中国工商银行转账支票

[转账支票图样，包含存根和支票主体，盖有"大宇轴承有限责任公司 财务专用章"印章，复核处有"瑞昊印昊"签章]

表 B-6-3　　　　　　　　　无形资产摊销计算表
2×20 年 12 月 31 日

项　　目	使用部门	原　值	预计可使用年限	月摊销额
高温轴承专利	生产部门	36 万元	10 年	
防锈防腐专有技术	生产部门	20 万元	不确定	
土地使用权	生产部门	200 万元	50 年	
土地使用权	管理部门	300 万元	50 年	
用友财务软件	管理部门	2 万元	5 年	

会计：张雨　　　　　　复核：陈宇　　　　　　制表：张雨

表 B-6-4 1/2　　　　　　**大宇轴承有限责任公司六届十六次董事会决议**

　　大宇轴承有限责任公司于 2×20 年 12 月 31 日在公司会议室召开董事会会议。应参加会议董事为 5 人，实际参加会议董事 5 人，符合公司章程规定，会议有效。会议审议通过了以下决议。
　　1. ……
　　2. ……
　　3. 2×19 年 1 月 3 日购入的高温轴承专利权，截至 2×20 年 12 月 31 日，账面价值为_____元。由于新技术的产生，该专利权预计未来现金流量降低为 23 万元，预计 2×20 年 12 月 31 日的公允价值减去处置费用后的净额为 24 万元，其可收回金额为_____。账面价值大于可收回金额，该项专利权已发生减值。根据《企业会计准则》，按账面价值和可收回金额的差额计提减值准备_____。
　　……

　　本决议符合《中华人民共和国公司法》的规定。

　　出席会议的董事签名：赵昀　李达　江建　陈宇　吴昊瑞
　　　　　　　　　　　　　　　　　　2×20 年 12 月 31 日

表 B-6-4 2/2   无形资产减值计算表

2×20年12月31日

项　目	无形资产原值	累计摊销	已提减值准备	预计可收回金额	计提减值准备
合　计					

会计：张雨　　　　　　　　　复核：陈宇　　　　　　　　　制表：张雨

表 B-6-5 1/3

浙江增值税专用发票

浙　江

3300212130

№004343158

此联不作报销、扣税凭证使用　　开票期：2×21年04月01日

购买方	名　　　称：滨江祺瑞有限责任公司 纳税人识别号：913300011678985516 地　址、电话：浙江省滨江市高新路182号　87951230 开户行及账号：工行滨江兰湖支行　56057902786	密码区	（略）

货物或应税劳务、服务名称	规格型号	单位	数量	单　价	金　额	税率	税　额
*无形资产*高温轴承专利		项	1	275 000.00	275 000.00	6%	16 500.00
合　计					￥275 000.00		￥16 500.00

价税合计（大写）	⊗贰拾玖万壹仟伍佰元整	（小写）￥291 500.00

销售方	名　　　称：大宇轴承有限责任公司 纳税人识别号：913300011678603318 地　址、电话：浙江省滨江市高新路202号　87321230 开户行及账号：工行滨江高新支行　56011702346	备注	

收款人：　　　　　复核：　　　　　开票人：张雨　　　　　销售方：（章）

第一联：记账联　销售方记账凭证

表 B-6-5 2/3   无形资产转让损益计算表

2×21年04月01日

项　目	高温轴承专利	受让单位	滨江祺瑞有限责任公司
无形资产原值		累计摊销	
减值准备		转让收入	
转让税费		净收益	

会计：张雨　　　　　　　　　复核：陈宇　　　　　　　　　制表：张雨

表 B-6-5 3/3

中国工商银行 进账单（收账通知）

2×21 年 04 月 01 日   3

出票人	全称	滨江祺瑞有限责任公司	收款人	全称	大宇轴承有限责任公司
	账号	56057902786		账号	56011702346
	开户银行	工商银行滨江兰湖支行		开户银行	工商银行滨江高新支行

金额	人民币（大写）	贰拾玖万壹仟伍佰元整	亿 千 百 十 万 千 百 十 元 角 分
			￥ 2 9 1 5 0 0 0 0

票据种类	转账支票	票据张数	1
票据号码		43210090	

复核　　　记账　　　收款人开户银行签章

（盖章：中国工商银行滨江高新支行 2×21.04.01 转讫）

此联是收款人开户银行交给收款人的收账通知

任务 B-7　以公允价值计量且其变动计入当期损益的金融资产实训原始凭证资料

表 B-7-1　　　　中国工商银行银证转账回单

日期：2×21 年 03 月 01 日

客户名称	大宇轴承有限责任公司	证券公司名称	华西证券有限责任公司	券商代码	1044000
开户银行	工商银行滨江高新支行	证券公司营业部	华西证券滨江营业部	证券机构号	1012
注册账户	56011702346	证券资金账号	300000112333		
银行结算账户余额	￥3 340 000.00				
转账金额	￥200 000.00				
转账大写金额	人民币贰拾万元整				

（盖章：中国工商银行滨江高新支行 2×21.03.01 转讫）

表 B-7-2　　　　　　　　　　　　成交过户交割单

01/03/2×21	华西证券滨江证券营业部	成交过户交割凭单	证券买入
股东号码：	A2347890	证券名称：	上海汽车(600104)
股东姓名：	大宇轴承有限责任公司	成交数量：	5 000
公司代码：	41026	成交价格：	13.00
委托序号：	300114	成交金额：	65 000.00
申报时间：	110627	标准佣金：	32.50
成交时间：	111228	印花税：	0.00
		过户费：	0.00
		委托费：	0.00
		实付金额：	65 032.50
上次股票余额：	0	本次股票余额：	5 000.00
		当日资金余额：	134 967.50

表 B-7-3　　　　　上海汽车股份有限责任公司 2×20 年度股东大会决议公告

一、会议召开和出席情况
　……
二、提案审议情况
　……
4. 审议通过了《2×20 年度利润分配方案》
同意股数 5 811 101 272 股,占出席会议股东所持表决权股份总数的 99.998 570%,反对 83 000 股,弃权 100 股。
以公司 2×20 年年末总股本 6 551 029 090 股为基准,每 10 股派发现金红利 1.60 元(税后 1.44 元),计 1 048 164.40 元。
　……
三、律师见证情况
　……
四、备查情况
　……

上海汽车股份有限责任公司

2×21 年 06 月 21 日

表 B-7-4		成交过户交割单		

22/06/2×21	华西证券滨江证券营业部	成交过户交割凭单	证券买入
股东号码：	A2347890	证券名称：	上海汽车（600104）
股东姓名：	大宇轴承有限责任公司	成交数量：	5 000
公司代码：	41026	成交价格：	19.00
委托序号：	200119	成交金额：	95 000.00
申报时间：	132100	标准佣金：	47.50
成交时间：	132108	印花税：	0.00
		过户费：	0.00
		委托费：	0.00
		实付金额：	95 047.50
上次股票余额：	5 000	本次股票余额：	10 000.00
		当日资金余额：	39 920.00

表 B-7-5	公允价值变动损益计算表
	2×21年06月30日

交易性金融资产	数量	市场价格	账面价值	公允价值变动损益
上海汽车				
合　计				

会计：张雨　　　复核：陈宇　　　制表：张雨

表 B-7-6		成交过户交割单		

15/08/2×21	华西证券滨江证券营业部	成交过户交割凭单	红利入账
股东号码：	A2347890	证券名称：	上海汽车（600104）
股东姓名：	大宇轴承有限责任公司	成交数量：	10 000
公司代码：	41026	成交价格：	0.144
委托序号：	200119	成交金额：	1 440.00
申报时间：	130000	标准佣金：	
成交时间：	130508	印花税：	
		过户费：	
		委托费：	
		实收金额：	1 440.00
上次股票余额：	10 000	本次股票余额：	10 000.00
		当日资金余额：	41 360.00

表 B-7-7　　　　　　　　　　　　　　　成交过户交割单

20/09/2×21	华西证券滨江证券营业部	成交过户交割凭单	证券卖出
股东号码：	A2347890	证券名称：	上海汽车(600104)
股东姓名：	大宇轴承有限责任公司	成交数量：	6 000
公司代码：	41026	成交价格：	29.00
委托序号：	200119	成交金额：	174 000.00
申报时间：	130000	标准佣金：	87.00
成交时间：	130508	印花税：	174.00
		过户费：	0.00
		委托费：	0.00
		实收金额：	173 739.00
上次股票余额：	10 000	本次股票余额：	4 000.00
		当日资金余额：	215 099.00

表 B-7-8　　　　　　　　　　　　　　公允价值变动损益计算表
2×21年12月31日

交易性金融资产	数量	市场价格	账面价值	公允价值变动损益
上海汽车				
合　计				

会计：张雨　　　　　　　　复核：陈宇　　　　　　　　制表：张雨

以摊余成本计量的金融资产实训
任务 B-8　原始凭证资料

表 B-8-1 $\frac{1}{2}$　　　　　　　　　　　　有价证券代保管单
2×17年01月01日

申请保管人	大宇轴承有限责任公司	电话	87321230		保管明细表		
面值总额	人民币(大写)：捌万元整	十 万 千 百 十 元 角 分			名　称	张数	面值
		￥ 8 0 0 0 0 0 0 0					
保管期限	自2×17年01月01日至2×21年12月31日				华日公司企业债券	80	1 000
保管费率		保管费					

备注：
1．一年为一个保管期，不足一年按一年收费，逾期不足一年按一年计算。
2．本保管单不得流通、抵押、转让。
3．"名称"栏内应注意何种债券及具体发债单位。
4．提取证券时凭身份证办理。

受托单位：滨江信托股份有限责任公司（盖章）

经办员：
复核员：张国安

表 B-8-1 2/2

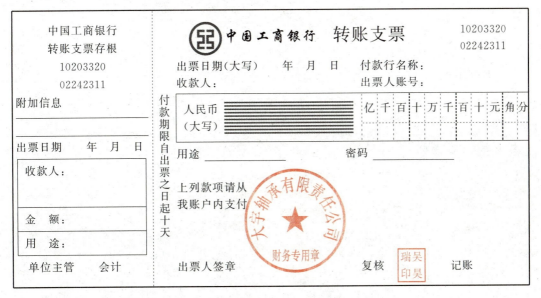

表 B-8-2　持有至到期投资利息计算表

投资项目：华日公司企业债券　　2×17年12月31日

基本情况：

投资日期	数量	单位面值	购买单价	相关税费	票面利率
2×17年01月01日	80张	1 000	1 050	0.00	12%

初始入账情况：

持有至到期投资	成本	借方			
持有至到期投资	利息调整	借方			

利息收入计算：

期间	期初摊余成本	实际利率	利息收入	应收利息	利息调整摊销	期末摊余成本
2×17年						

会计：张雨　　　　复核：陈宇　　　　制表：张雨

表 B-8-3　中国工商银行 **进账单**（收账通知）　3

2×17年12月31日

出票人	全称	滨江信托股份有限责任公司	收款人	全称	大宇轴承有限责任公司	
	账号	51100204323		账号	56011702346	
	开户银行	工商银行滨江兰湖支行		开户银行	工商银行滨江高新支行	
金额	人民币（大写）				亿千百十万千百十元角分	
票据种类	转账支票	票据张数	1			
票据号码	90219022					
		复核　　　记账			收款人开户银行签章	

此联是收款人开户银行交给收款人的收账通知

（印章：中国工商银行滨江高新支行 2×17.12.31 转讫）

表 B-8-4　　　　　　　　　　　　**持有至到期投资利息计算表**
投资项目：华日公司企业债券　　　2×18年12月31日

基本情况：					
投资日期	数量	单位面值	购买单价	相关税费	票面利率
2×17年01月01日	80张	1 000	1 050	0.00	12%
初始入账情况：					
持有至到期投资	成本	借方			
持有至到期投资	利息调整	借方			
利息收入计算：					
期间	期初摊余成本	实际利率	利息收入	应收利息	利息调整摊销	期末摊余成本
2×18年						

会计：张雨　　　　　复核：陈宇　　　　　制表：张雨

表 B-8-5　　　　　　　　　　**中国工商银行进账单**（收账通知）　　3
　　　　　　　　　　　　　　　2×18年12月31日

出票人	全称	滨江信托股份有限责任公司	收款人	全称	大宇轴承有限责任公司
	账号	51100204323		账号	56011702346
	开户银行	工商银行滨江兰湖支行		开户银行	工商银行滨江高新支行
金额	人民币（大写）		亿千百十万千百十元角分		
票据种类	转账支票	票据张数	1	中国工商银行滨江高新支行 2×18.12.31 转讫	
票据号码		81112290			
	复核	记账		收款人开户银行签章	

此联是收款人开户银行交给收款人的收账通知

表 B-8-6　　　　　　　　　　　　**持有至到期投资利息计算表**
投资项目：华日公司企业债券　　　2×19年12月31日

基本情况：					
投资日期	数量	单位面值	购买单价	相关税费	票面利率
2×17年01月01日	80张	1 000	1 050	0.00	12%
初始入账情况：					
持有至到期投资	成本	借方			
持有至到期投资	利息调整	借方			
利息收入计算：					
期间	期初摊余成本	实际利率	利息收入	应收利息	利息调整摊销	期末摊余成本
2×19年						

会计：张雨　　　　　复核：陈宇　　　　　制表：张雨

表 B-8-7

中国工商银行 进账单（收账通知） 3
2×19年12月31日

出票人	全称	滨江信托股份有限责任公司	收款人	全称	大宇轴承有限责任公司
	账号	51100204323		账号	56011702346
	开户银行	工商银行滨江兰湖支行		开户银行	工商银行滨江高新支行
金额	人民币（大写）			亿 千 百 十 万 千 百 十 元 角 分	
票据种类	转账支票	票据张数	1		
票据号码		84467676			

复核　　　记账　　　　　　　　　　收款人开户银行签章（中国工商银行滨江高新支行 2×19.12.31 转讫）

此联是收款人开户银行交给收款人的收账通知

表 B-8-8

持有至到期投资利息计算表
投资项目：华日公司企业债券　　　2×20年12月31日

基本情况：					
投资日期	数量	单位面值	购买单价	相关税费	票面利率
2×17年01月01日	80张	1 000	1 050	0.00	12%
初始入账情况：					
持有至到期投资	成本		借方		
持有至到期投资	利息调整		借方		
利息收入计算：					
期间	期初摊余成本	实际利率	利息收入	应收利息	利息调整摊销	期末摊余成本
2×20年						

会计：张雨　　　复核：陈宇　　　制表：张雨

表 B-8-9

中国工商银行 进账单（收账通知） 3
2×20年12月31日

出票人	全称	滨江信托股份有限责任公司	收款人	全称	大宇轴承有限责任公司
	账号	51100204323		账号	56011702346
	开户银行	工商银行滨江兰湖支行		开户银行	工商银行滨江高新支行
金额	人民币（大写）			亿 千 百 十 万 千 百 十 元 角 分	
票据种类	转账支票	票据张数	1		
票据号码		88866541			

复核　　　记账　　　　　　　　　　收款人开户银行签章（中国工商银行滨江高新支行 2×20.12.31 转讫）

此联是收款人开户银行交给收款人的收账通知

表 B-8-10　　　　　　　　　持有至到期投资利息计算表
投资项目：华日公司企业债券　　　2×21年12月31日

基本情况：

投资日期	数量	单位面值	购买单价	相关税费	票面利率
2×17年01月01日	80张	1 000	1 050	0.00	12%

初始入账情况：

持有至到期投资	成本	借方		
持有至到期投资	利息调整	借方		

利息收入计算：

期间	期初摊余成本	实际利率	利息收入	应收利息	利息调整摊销	期末摊余成本
2×21年						

会计：张雨　　　　　　　复核：陈宇　　　　　　　制表：张雨

表 B-8-11　　　　　　　**中国工商银行 进账单**（收账通知）　　　3
　　　　　　　　　　　　　2×21年12月31日

出票人	全称	滨江信托股份有限责任公司	收款人	全称	大宇轴承有限责任公司
	账号	51100204323		账号	56011702346
	开户银行	工商银行滨江兰湖支行		开户银行	工商银行滨江高新支行

金额	人民币（大写）		亿 千 百 十 万 千 百 十 元 角 分

票据种类	转账支票	票据张数	1
票据号码		80001233	

中国工商银行滨江高新支行
2×21.12.31
转讫

复核　　记账　　　　　　收款人开户银行签章

此联是收款人开户银行交给收款人的收账通知

任务 B-9　长期股权投资实训原始凭证资料

表 B-9-1 $\frac{1}{2}$　　　　　　　　　　股权增资协议

股权增资协议

　　华联实业有限责任公司系由华美汽车轴承有限责任公司和联众机械有限责任公司共同设立的有限责任公司，注册资本 200 万元。现大宇轴承有限责任公司拟单方对华联实业有限责任公司增资。为此，特签订本协议。

一、增资

　　经华联实业有限责任公司股东会审议同意大宇轴承有限责任公司以货币资金对华联实业有限责任公司增资，按照投资协议，新投资者需缴入 210 万元，享有该公司 60% 的股权。增资后，华联实业有限责任公司注册资本为 400 万元，其中华美汽车轴承有限责任公司出资 120 万元，联众机械有限责任公司出资 40 万元，大宇轴承有限责任公司出资 240 万元。

　　本协议在获得大宇轴承有限责任公司股东会批准后生效，大宇轴承有限责任公司应将股权增资款以货币资金方式支付到华联实业有限责任公司指定的银行账户。

二、增资后的盈利分配等事项（略）

三、有关费用负担（略）

四、违约责任（略）

五、争议解决（略）

协议各方签章：

华联实业有限责任公司　　　　　　　　　　　华美汽车轴承有限责任公司

法人代表：　　　　　　　　　法人代表：

联众机械有限责任公司　　　　　　　　　　　大宇轴承有限责任公司

法人代表：　　　　　　　　　法人代表：

2×19 年 01 月 01 日

表 B-9-1 $\frac{2}{2}$　　　　中国工商银行转账支票

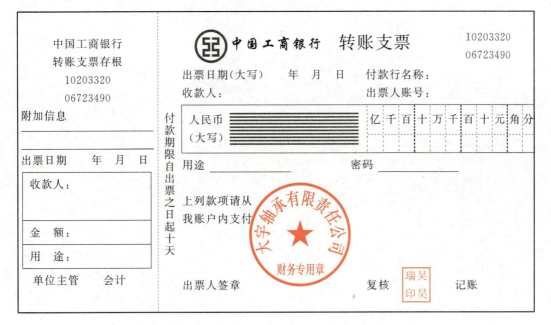

表 B-9-2 $\frac{1}{2}$　　　　股权转让协议

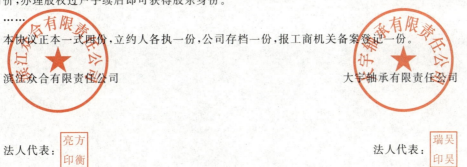

甲方：滨江众合有限责任公司

乙方：大宇轴承有限责任公司

甲、乙双方经过友好协商，就甲方持有的滨江广安有限责任公司股权转让给乙方持有的相关事宜，达成如下协议，以资信守。

甲方将其所持的30%的滨江广安有限责任公司股权转让给乙方，转让价格为1 000万元，以货币资金方式支付。乙方于协议生效日支付全部转让款。

股权转让协议在经甲方和乙方的临时股东大会批准后生效。乙方按照本协议约定支付股权转让对价，办理股权过户手续后即可获得股东身份。

……

本协议正本一式四份，立约人各执一份，公司存档一份，报工商机关备案登记一份。

滨江众合有限责任公司　　　　　　　　　　大宇轴承有限责任公司

法人代表：　　　　　　　　　　　　　　　法人代表：

2×19年01月01日

表 B-9-2 2/2　　　　　　　　　　中国工商银行转账支票

```
┌─────────────────────┬──────────────────────────────────────────────────────┐
│ 中国工商银行        │  中国工商银行  转账支票          10203320            │
│ 转账支票存根        │                                  06723495            │
│ 10203320            │  出票日期(大写)   年 月 日   付款行名称：            │
│ 06723495            │  收款人：                    出票人账号：            │
│ 附加信息            │  人民币                      亿千百十万千百十元角分  │
│                     │  (大写)                                              │
│ 出票日期  年 月 日  │  用途_____      密码_____              │
│ 收款人：            │  上列款项请从                                        │
│                     │  我账户内支付                                        │
│ 金  额：            │                                                      │
│ 用  途：            │                                                      │
│ 单位主管   会计     │  出票人签章          复核          记账              │
└─────────────────────┴──────────────────────────────────────────────────────┘
```

表 B-9-3　　　　　　　　滨江广安有限责任公司 2×18 年度股东会决议

一、会议召开和出席情况
　……
二、提案审议情况
　……
4. 审议通过了《2×18 年度利润分配方案》
　2×18 年共实现净利润 453 万元，根据公司章程，按 10% 计提法定盈余公积金，按 5% 计提法定公益金，发放 200 万元现金股利，股东按持股比例享有。
　……
股东（授权代表）签章（略）

2×19 年 04 月 02 日

表 B-9-4　　　　　　　　华联实业有限责任公司 2×18 年度股东会决议

一、会议召开和出席情况
　……
二、提案审议情况
　……
4. 审议通过了《2×18 年度利润分配方案》
　2×18 年共实现净利润 41 万元，根据公司章程，按 10% 计提法定盈余公积金，按 5% 计提法定公益金；发放 20 万元现金股利，股东按持股比例享有。
　……
股东（授权代表）签章（略）

2×19 年 05 月 02 日

表 B-9-5 1/2

中国工商银行 进账单（收账通知） 3
2×19年05月26日

出票人	全称	华联实业有限责任公司	收款人	全称	大宇轴承有限责任公司
	账号	41110888322		账号	56011702346
	开户银行	工商银行滨江兰湖支行		开户银行	工商银行滨江高新支行

金额	人民币（大写）			亿 千 百 十 万 千 百 十 元 角 分

票据种类	转账支票	票据张数	1
票据号码	56690112		

复核　　记账　　　　　收款人开户银行签章

中国工商银行滨江高新支行　2×19.05.26　转讫

此联是收款人开户银行交给收款人的收账通知

表 B-9-5 2/2

中国工商银行 进账单（收账通知） 3
2×19年05月26日

出票人	全称	滨江广安有限责任公司	收款人	全称	大宇轴承有限责任公司
	账号	51100204777		账号	56011702346
	开户银行	工商银行滨江兰湖支行		开户银行	工商银行滨江高新支行

金额	人民币（大写）			亿 千 百 十 万 千 百 十 元 角 分

票据种类	转账支票	票据张数	1
票据号码	56694446		

复核　　记账　　　　　收款人开户银行签章

中国工商银行滨江高新支行　2×19.05.26　转讫

此联是收款人开户银行交给收款人的收账通知

表 B-9-6

长期股权投资损益调整计算表
2×19年12月31日

被投资公司	投资比例	会计期间	被投资单位净利润	损益调整金额
合计				

会计：张雨　　　　　复核：陈宇　　　　　制表：张雨

表 B-9-7　　　　　滨江广安有限责任公司 2×19 年度股东会决议

　　一、会议召开和出席情况
　　……
　　二、提案审议情况
　　……
　　4. 审议通过了《2×19 年度利润分配方案》
　　2×19 年共实现净利润 1 200 万元,根据公司章程,按 10% 计提法定盈余公积金,按 5% 计提法定公益金,发放 300 万元现金股利,股东按持股比例享有。
　　……
　　股东(授权代表)签章(略)

　　　　　　　　　　　　　　　　　　　　　　　　　　　　　　　2×20 年 04 月 02 日

表 B-9-8　　　　　华联实业有限责任公司 2×19 年度股东会决议

　　一、会议召开和出席情况
　　……
　　二、提案审议情况
　　……
　　4. 审议通过了《2×19 年度利润分配方案》
　　2×19 年共实现净利润 80 万元,根据公司章程,按 10% 计提法定盈余公积金,按 5% 计提法定公益金,发放 60 万元现金股利,股东按持股比例享有。
　　……
　　股东(授权代表)签章(略)

　　　　　　　　　　　　　　　　　　　　　　　　　　　　　　　2×20 年 05 月 09 日

表 B-9-9 $\frac{1}{2}$　　　　　中国工商银行 进账单(收账通知)　　3

2×20 年 05 月 20 日

出票人	全　称	华联实业有限责任公司	收款人	全　称	大宇轴承有限责任公司	此联是收款人开户银行交给收款人的收账通知
	账　号	41110888322		账　号	56011702346	
	开户银行	工商银行滨江兰湖支行		开户银行	工商银行滨江高新支行	
金额	人民币(大写)			亿千百十万千百十元角分		
票据种类	转账支票	票据张数	1	中国工商银行滨江高新支行 2×20.05.20 转讫 收款人开户银行签章		
票据号码		57781188				
		复核　　　　记账				

表 B-9-9 $\frac{2}{2}$ 中国工商银行 **进账单**（收账通知） 3

2×20 年 05 月 20 日

出票人	全 称	滨江广安有限责任公司	收款人	全 称	大宇轴承有限责任公司	此联是收款人开户银行交给收款人的收账通知
	账 号	51100204777		账 号	56011702346	
	开户银行	工商银行滨江兰湖支行		开户银行	工商银行滨江高新支行	

金额	人民币（大写）			亿 千 百 十 万 千 百 十 元 角 分
票据种类	转账支票	票据张数	1	
票据号码		57783360		
				中国工商银行滨江高新支行 2×20.05.20 转讫
	复核	记账		收款人开户银行签章

表 B-9-10 $\frac{1}{3}$ **长期股权投资损益调整计算表**

2×20 年 12 月 31 日

被投资公司	投资比例	会计期间	被投资单位净利润	损益调整金额
合 计				

会计：张雨　　　　　　　　复核：陈宇　　　　　　　　制表：张雨

表 B-9-10 $\frac{2}{3}$ **大宇轴承有限责任公司六届十六次董事会决议**

大宇轴承有限责任公司于 2×20 年 12 月 31 日在公司会议室召开董事会会议。应参加会议董事为 5 人，实际参加会议董事 5 人，符合公司章程规定，会议有效。会议审议通过了以下决议。

1. ……

2. 公司于 2×19 年 1 月 1 日取得滨江广安有限责任公司 30% 股权，截至 2×20 年 12 月 31 日，该笔投资账面价值为 _____ 。由于新技术的产生，滨江广安有限责任公司主要产品市场价格大幅下跌，同时原料、人工成本呈上升趋势，以上原因导致 2×20 年度滨江广安有限责任公司亏损 600 万元，预计短期内扭亏为盈的可能性较小，预计该项投资可收回金额为 900 万元。根据《企业会计准则》，按账面价值和可收回金额的差额计提长期股权投资减值准备。

……

本决议符合《中华人民共和国公司法》的规定。

出席会议的董事签名：赵昀　李达　江建　陈宇　吴昊瑞

2×20 年 12 月 31 日

表 B-9-10 $\frac{3}{3}$

长期股权投资减值准备计算表

2×20年12月31日

被投资公司	账面价值	预计可收回金额	计提减值准备
滨江广安有限责任公司		900万元	
合　计			

会计：张 雨　　　　复核：陈 宇　　　　制表：张 雨

表 B-9-11　　**华联实业有限责任公司2×20年度股东会决议**

一、会议召开和出席情况
……
二、提案审议情况
……
4.审议通过了《2×20年度利润分配方案》
2×20年共实现净利润100万元，根据公司章程，按10％计提法定盈余公积金，按5％计提法定公益金，发放110万元现金股利，股东按持股比例享有。
……
股东（授权代表）签章（略）

2×21年04月20日

表 B-9-12　　**中国工商银行进账单**（收账通知）　3

2×21年05月09日

出票人	全　称	华联实业有限责任公司	收款人	全　称	大宇轴承有限责任公司
	账　号	41110888322		账　号	56011702346
	开户银行	工商银行滨江兰湖支行		开户银行	工商银行滨江高新支行
金额	人民币（大写）		亿千百十万千百十元角分		
票据种类	转账支票	票据张数	1		
票据号码	57782255				
	复核　　记账			收款人开户银行签章	

（收款人开户银行盖章：中国工商银行滨江高新支行 2×21.05.09 转讫）

此联是收款人开户银行交给收款人的收账通知

表 B-9-13　　　　　　　　　　其他权益变动计算表
　　　　　　　　　　　　　　2×21 年 06 月 01 日

被投资公司	投资比例	被投资公司其他权益变动额	按投资比例调整金额
滨江广安有限责任公司	30%	200 万元	
合　计			

会计：张雨　　　　　　复核：陈宇　　　　　　制表：张雨

表 B-9-14　　　　　　　　　　股权转让协议

甲方：大宇轴承有限责任公司
乙方：滨江祺瑞有限责任公司

　　甲、乙双方经过友好协商，就甲方持有的滨江广安有限责任公司股权转让给乙方持有的相关事宜达成如下协议，以资信守。
　　甲方将其所持的30%的滨江广安有限责任公司股权转让给乙方，转让价格为1 100万元，以货币资金方式支付。协议生效日乙方支付股权转让价款总额的80%，股权过户手续办理完成时支付股权转让价款总额的20%。
　　股权转让协议在经甲方和乙方的临时股东大会批准后生效。乙方按照本协议约定支付股权转让对价，办理股权过户手续后即可获得股东身份。
　　……
　　本协议正本一式四份，立约人各执一份，公司存档一份，报工商机关备案登记一份。

大宇轴承有限责任公司　　　　　　　　　　滨江祺瑞有限责任公司

法人代表：吴瑞　　　　　　　　　　　　　法人代表：陆飞

　　　　　　　　　　　　　　　　　　　　　　　　2×21 年 09 月 03 日

表 B-9-15　　　　　　中国工商银行 进账单（收账通知）　　3
　　　　　　　　　　　　2×21 年 10 月 31 日

出票人	全　称	滨江祺瑞有限责任公司	收款人	全　称	大宇轴承有限责任公司
	账　号	56057902786		账　号	56011702346
	开户银行	工商银行滨江兰湖支行		开户银行	工商银行滨江高新支行
金额	人民币（大写）	捌佰捌拾万元整	亿千百十万千百十元角分 ¥ 8 8 0 0 0 0 0 0 0		
票据种类	转账支票	票据张数	1		
票据号码	60089908				
复核　　　记账			收款人开户银行签章		

收款人开户银行签章：中国工商银行滨江高新支行　2×21.10.31　转讫

此联是收款人开户银行交给收款人的收账通知

表 B-9-16

中国工商银行 进账单（收账通知）

2×21年11月05日 3

出票人	全称	滨江祺瑞有限责任公司	收款人	全称	大宇轴承有限责任公司
	账号	56057902786		账号	56011702346
	开户银行	工商银行滨江兰湖支行		开户银行	工商银行滨江高新支行

金额	人民币（大写）	贰佰贰拾万元整	亿 千 百 十 万 千 百 十 元 角 分 ¥　　　2 2 0 0 0 0 0 0

票据种类	转账支票	票据张数	1	
票据号码		78987878		中国工商银行滨江高新支行 2×21.11.05 转讫
	复核　　　　记账			收款人开户银行签章

此联是收款人开户银行交给收款人的收账通知

任务 B-10　流动负债实训原始凭证资料

表 B-10-1　1/2

3300202130

浙江增值税专用发票

浙江

发 票 联

No 01250578

开票日期：2×21年06月02日

购买方	名　　称	大宇轴承有限责任公司	密码区	（略）
	纳税人识别号	913300011678603318		
	地址、电话	浙江省滨江市高新路202号　87321230		
	开户行及账号	工行滨江高新支行　56011702346		

货物或应税劳务、服务名称	规格型号	单位	数量	单价	金额	税率	税额
*黑色金属冶炼压延品*轴承钢		千克	2 000	30.00	60 000.00	13%	7 800.00
合　　计					¥60 000.00		¥7 800.00
价税合计（大写）	⊗陆万柒仟捌佰元整				（小写）¥67 800.00		

销售方	名　　称	顺达金属制品有限责任公司	备注	
	纳税人识别号	913300010000019888		
	地址、电话	浙江省滨江市解放路14号　88389911		
	开户行及账号	工行滨江解放路分理处　56330355321		

收款人：　　　　　　复核：　　　　　　开票人：徐立　　　　　　销售方：（章）

第三联：发票联　购买方记账凭证

表 B-10-1 2/2   **银行承兑汇票（存根联）** 3

出票日期　年　月　日（大写）　　　　No.00342350

出票人全称		收款人	全称											
出票人账号			账号											
付款行全称			开户银行											
出票金额	人民币（大写）			亿	千	百	十	万	千	百	十	元	角	分
汇票到期日（大写）	年　月　日	付款行	行号	115										
承兑协议编号	C2014654		地址	浙江省滨江市高新路202号										
本汇票请你行承兑，到期无条件付款。 出票人签章		本汇票已经承兑，到期日由本行付款。 承兑行签章 承兑日期　年　月　日		复核　　记账										

此联签发人留存

表 B-10-2 1/3   **股权增资协议**

　　滨江佳通汽车有限责任公司系由上海佳菲汽配有限责任公司和滨江通达汽配有限责任公司共同设立的有限责任公司，注册资本760万元。现大宇轴承有限责任公司拟单方对滨江佳通汽车有限责任公司增资。为此，特签订本协议。

一、增资

　　经滨江佳通汽车有限责任公司股东会审议同意大宇轴承有限责任公司对滨江佳通汽车有限责任公司增资。大宇轴承有限责任公司以自产产品SKF进口轴承4 100套出资，经评估每套市场价格为100元，总计410 000元，增值税53 300元。经协商，大宇轴承有限责任公司出资额占滨江佳通汽车有限责任公司40万元的注册资本。

　　本协议在获得大宇轴承有限责任公司股东会批准后生效。

二、增资后的赢利分配等事项（略）
三、有关费用负担（略）
四、违约责任（略）
五、争议解决（略）

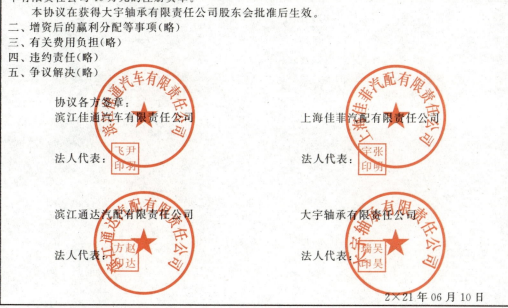

协议各方签章：
滨江佳通汽车有限责任公司　　　　上海佳菲汽配有限责任公司

法人代表：　　　　　　　　　　　法人代表：

滨江通达汽配有限责任公司　　　　大宇轴承有限责任公司

法人代表：　　　　　　　　　　　法人代表：

2×21年06月10日

表 B-10-2 2/3

浙江增值税专用发票

浙江

No 00750798

此联不作报销、扣税凭证使用　开票日期：2×21年06月10日

购买方	名　　称	滨江佳通汽车有限责任公司	密码区	（略）		
	纳税人识别号	91330001012678604213				
	地址、电话	浙江省滨江市惠民路45号　62262292				
	开户行及账号	工行滨江惠民路支行　56034612145				
货物或应税劳务、服务名称	规格型号	单位	数量	单价	金　额	税率	税　额
*轴承*SKF进口轴承	6308	套	4 100	100.00	410 000.00	13%	53 300.00
合　计					￥410 000.00		￥53 300.00
价税合计（大写）	⊗肆拾陆万叁仟叁佰元整				（小写）￥463 300.00		
销售方	名　　称	大宇轴承有限责任公司	备注			
	纳税人识别号	91330001167860331				
	地址、电话	浙江省滨江市高新路202号　87321230				
	开户行及账号	工行滨江高新支行　56011702346				

收款人：　　　复核：　　　开票人：张　雨　　　销售方：（章）

表 B-10-2 3/3

产品出库单

2×21年06月10日

购货单位：滨江佳通汽车有限责任公司　　　编号：080033

产品编号	产品名称	单　位	数　量	单　价	金　额	备　注
0045	SKF进口轴承	套	4 100	85	348 500.00	对外投资

发货人：丁　一　　　　　　　　　　　　　　　制单：刘　函

表 B-10-3

浙江增值税专用发票

浙江

No 00750799

此联不作报销、扣税凭证使用　开票日期：2×21年06月11日

购买方	名　　称	湖南机械有限责任公司	密码区	（略）		
	纳税人识别号	91430101167860331				
	地址、电话	湖南省长沙市中山路145号　28320030				
	开户行及账号	工行中山路支行　00022713447				
货物或应税劳务、服务名称	规格型号	单位	数量	单价	金　额	税率	税　额
*轴承*直线运动轴承	LM3	套	1 250	160.00	200 000.00	13%	26 000.00
合　计					￥200 000.00		￥26 000.00
价税合计（大写）	⊗贰拾贰万陆仟元整				（小写）￥226 000.00		
销售方	名　　称	大宇轴承有限责任公司	备注			
	纳税人识别号	91330001167860331				
	地址、电话	浙江省滨江市高新路202号　87321230				
	开户行及账号	工行滨江高新支行　56011702346				

收款人：　　　复核：　　　开票人：张　雨　　　销售方：（章）

表 B-10-4 1/3

上海增值税专用发票

上海

3100202130

No 00102312

发 票 联　　开票日期：2×21年06月15日

购买方	名　　　称	大宇轴承有限责任公司				密码区	（略）		
	纳税人识别号	913300011678603318							
	地　址、电　话	浙江省滨江市高新路202号　87321230							
	开户行及账号	工行滨江高新支行　56011702346							
货物或应税劳务、服务名称	规格型号	单位	数量	单价	金额		税率	税额	
*机床*全自动内孔测量机		台	5	60 000.00	300 000.00		13%	39 000.00	
合　计					¥300 000.00			¥39 000.00	
价税合计（大写）	⊗叁拾叁万玖仟元整						（小写）¥339 000.00		
销售方	名　　　称	上海天佑自动化设备有限责任公司				备注			
	纳税人识别号	913101010732302386							
	地　址、电　话	上海宝山区沪太路1225号　28341223							
	开户行及账号	工行上海沪太路分理处　552389118							

收款人：　　　复核：　　　开票人：殷辉　　　销售方：（章）

第三联：发票联　购买方记账凭证

表 B-10-4 2/3

固定资产验收单

编号：14-145

名称	全自动内孔测量机	出厂编号	Uw05523
型号（规格）	YDH33	原值	300 000.00（5台）
生产厂家	上海天佑自动化设备有限责任公司	购入日期	2×21年06月15日
主要技术参数：略			
随机附件及数量：略			
随机资料：略			
设备安装调试情况：安装调试完成。			
设备验收结论：工作正常，可正式投入使用。			
参加验收人员：金建华　李达　张明　叶文　孙云			
备注：			
保管部门签名：金建华　　日期：2×21.06.15			
使用部门签名：孙云　　日期：2×21.06.15			

注：一式三份，资产管理部门一份，使用部门一份，生产厂家一份。

表 B-10-4 3/3

中国工商银行转账支票

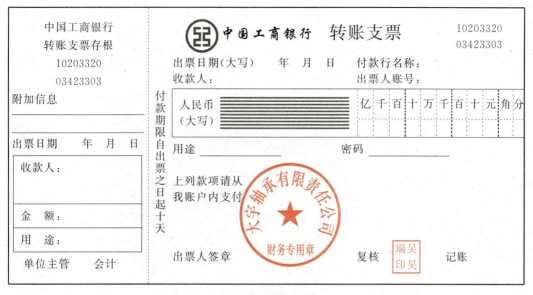

表 B-10-5 1/2

浙江增值税专用发票

浙江

发票联

No 00496615

开票日期：2×21 年 06 月 18 日

购买方	名　　　称	大宇轴承有限责任公司					密码区		（略）	
	纳税人识别号	913300011678603318								
	地址、电话	浙江省滨江市高新路 202 号　87321230								
	开户行及账号	工行滨江高新支行　56011702346								
	货物或应税劳务、服务名称	规格型号	单位	数量	单价	金额		税率	税额	
	*营养保健食品 *其他营养保健食品			1	176.99	176.99		13%	23.01	
	合　　　计					¥176.99			¥23.01	
	价税合计（大写）	⊗贰佰元整						（小写）¥200.00		
销售方	名　　　称	华美生活超市(浙江)有限责任公司					备注			
	纳税人识别号	913101045689048668								
	地址、电话	滨江市建华西路 150 号　65456486								
	开户行及账号	建行建华西路支行　47700729231								

收款人：　　　复核：　　　开票人：刘林　　　销售方：（章）

表 B-10-5 2/2

费用报销单

报销日期：2×21 年 06 月 18 日　　　　　附件 5 张

费用项目	类别	金额	负责人（签章）	吴宝亮
福利费	慰问品	200.00	审查意见	同意
			报销人（签章）	吴芸
报销金额合计		¥200.00		
核实金额（大写）	⊗贰佰元整		（小写）¥200.00	

审核：张雨　　　　　　出纳：王琳

表 B-10-6 $\frac{1}{2}$

中国工商银行 进账单（收账通知）

2×21年06月27日 3

出票人	全 称	滨江佳通汽车有限责任公司	收款人	全 称	大宇轴承有限责任公司	此联是收款人开户银行交给收款人的收账通知
	账 号	56034612145		账 号	56011702346	
	开户银行	工商银行滨江惠民路支行		开户银行	工商银行滨江高新支行	

金额	人民币（大写）	叁仟元整	亿千百十万千百十元角分 ¥3 0 0 0 0 0

票据种类	转账支票	票据张数	1	
票据号码		52309980		中国工商银行滨江高新支行 2×21.06.27 转讫
	复核		记账	收款人开户银行签章

表 B-10-6 $\frac{2}{2}$

收 据

2×21年06月27日

人民币：**叁仟元整**   ¥3 000.00

上列款项系：**包装物押金（滨江佳通汽车有限责任公司）**。

审批：张雨   出纳：王珂   经办人：王豫

表 B-10-7 $\frac{1}{2}$

实存账存对比表

2×21年06月30日

名称	计量单位	单价（元）	实存数		账存数		实存与账存对比				备注
							盘盈		盘亏		
			数量	金额	数量	金额	数量	金额	数量	金额	
⋮	⋮	⋮	⋮	⋮	⋮	⋮	⋮	⋮	⋮	⋮	⋮
轴承钢	千克	30	3 180	95 400	3 200	96 000			20	600	计量差错
电解铜	千克	40	3 560	142 400	3 710	148 400			150	6 000	失窃
⋮	⋮	⋮	⋮	⋮	⋮	⋮	⋮	⋮	⋮	⋮	⋮
合计											

会计人员签章：张雨   稽核人员签章：张祥

表 B-10-7 $\frac{2}{2}$ **材料盘盈盘亏报告单**

部门：2号仓库   2×21年06月30日

编号	品名规格	单位	账面数量	实存数量	盘盈		盘亏		原因
					数量	金额	数量	金额	
1	轴承钢	千克	3 200	3 180			20	600	计量差错
2	电解铜	千克	3 710	3 560			150	6 000	失窃
⋮	⋮	⋮	⋮	⋮	⋮	⋮	⋮	⋮	⋮
处理意见			收发计量差错造成的盘亏计入"管理费用"；电解铜失窃150千克，属非正常原因造成的损失，计入"营业外支出"。 清查小组组长：李 达						
审批意见			同意清查小组意见 总经理：江 建						

第三联：财会入账联

表 B-10-8   **应交增值税计算表**

2×21年06月30日   金额单位：元

	项 目		计税金额	适用税率	税 额	备 注
销项	应税货物	货物名称				
		小 计				
	应税劳务	劳务名称				
		小 计				
进项	本期进项税额发生额					
	进项税额转出					
	1.					
	2.					
期初留抵税额						
		本月应纳税额				

会计：张 雨   复核：陈 宇   制表：张 雨

表 B-10-9　　　　　　　城市维护建设税、教育费附加计算表

2×21年06月30日

名　称	计税税额	应纳城建税(7%)	应纳教育费附加(3%)	合　计
合　计				

会计：张　雨　　　　　　　　　　复核：陈　宇　　　　　　　　　　制表：张　雨

表 B-10-10　　　　　　　　　　工资费用分配表

2×21年06月30日　　　　　　　　　　金额单位：元

部　门		应付工资				五险一金	合计
		标准工资	奖　金	津　贴	合　计		
生产车间	生产工人	400 000	16 000	20 500	436 500	87 300	
	管理人员	21 380	2 000	2 400	25 780	5 156	
销售机构		90 000	8 000	9 800	107 800	21 560	
行政部门		100 000	5 720	6 500	112 220	22 444	
合　计		611 380	31 720	39 200	682 300	136 460	

会计：张　雨　　　　　　　　　　复核：陈　宇　　　　　　　　　　制表：王　琳

表 B-10-11　　　　　　　工会费用、职工教育费用分配表

2×21年6月30日

项　目	生产工人	车间管理人员	销售部门	行政部门	合计
计提工会费用	2 000.00	500.00	2 040.00	700.00	
计提职工教育费用	4 000.00	600.00	9 000.00	7 800.00	
合　计	6 000.00	1 100.00	11 040.00	8 500.00	

会计：张　雨　　　　　　　　　　复核：陈　宇　　　　　　　　　　制表：张　雨

表 B-10-12　　　　　　　　　短期借款利息计提表

2×21年06月30日

借款银行	借款日	到期日	本金（万元）	年利率（%）	本月计提利息	备注
中国农业银行	2×21年03月05日	2×22年03月04日	200	8		利随本清
中国工商银行	2×20年08月01日	2×21年08月01日	300	9		利随本清
合　计						

会计：张　雨　　　　　　　　　　复核：陈　宇　　　　　　　　　　制表：张　雨

任务 B-11 非流动负债实训原始凭证资料

表 B-11-1 $\frac{1}{2}$　　　　　　债券发行承销协议书

发行债券单位（甲方）：大宇轴承有限责任公司
债券发行承销单位（乙方）：信达证券有限责任公司

　　为解决甲方因自有资金不足的困难，保证企业生产经营的正常进行，经中国人民银行浙江分行批准，发行企业债券8 000万元（面值），期限为3年，年利率为4.5%，发行价格为7 800万元。债券发行所筹资金用于公司锻压生产线的建造。委托乙方采用包销方式代理发行，为明确经济责任，经双方协商，达成如下协议。
　　一、甲方为企业债券的债务人，承担债券的全部风险和经济、法律责任。
　　二、乙方为甲方债券发行的代理人，负责债券的发行、兑付工作，但不承担债券到期不能按时兑付本息的经济责任和法律责任。
　　三、在债券发行完毕，甲方向乙方支付45万元的承销费。债券发行完毕五日内，乙方将扣除手续费后的债券发行款划入甲方账户。
　　……

发行债券单位
（甲方）印章

法人代表章

债券发行承销单位
（乙方）印章

法人代表章

2×17年11月30日

表 B-11-1 $\frac{2}{2}$　　中国工商银行 **电汇** 凭证（收款通知或取款收据）　4　第 5690 号

委托日期：2×17年12月31日　　　　应解汇款编号：897

汇款人	全称	信达证券有限责任公司	收款人	全称	大宇轴承有限责任公司	此联是给收款人的收账通知或代取款收据
	账号	56011703333		账号	56011702346	
	汇出地点	浙江省滨江市县		汇入地点	浙江省滨江市县	
	汇出行名称	工行滨江高新支行		汇入行名称	工行滨江高新支行	
金额	人民币（大写）	柒仟柒佰伍拾伍万元整			¥ 7 7 5 5 0 0 0 0 0 0（亿千百十万千百十元角分）	

汇款用途	发行债券款	留行待取预留收款人印鉴
上列款项已代进账，如有错误，请持此联来行面洽。 汇入行盖章 2×17年12月31日	上列款项已收妥。 （收款人盖章） 年 月 日	科目（借）_____ 对方科目（贷）_____ 汇出行汇出日期 年 月 日 复核　　出纳　　记账

表 B-11-2　　　　　　　　　　　中国工商银行转账支票

中国工商银行 转账支票存根 10203320 06723501	中国工商银行　转账支票　10203320　06723501
附加信息	出票日期（大写）　　年　月　日　　付款行名称： 收款人：　　　　　　　　　　　　　　出票人账号：
出票日期　年　月　日	人民币（大写）　　　　　　　　　　亿千百十万千百十元角分
收款人：	用途　　　　　　　　　　　　　密码
金　额：	上列款项请从 我账户内支付　　（财务专用章：大宇轴承有限责任公司）
用　途：	出票人签章　　　　　　　　　　复核（瑞昊印昊）　　记账
单位主管　会计	付款期限自出票之日起十天

表 B-11-3　　　　　　　　　　　应付债券利息费用计提表
　　　　　　　　　　　　　　　　2×18 年 12 月 31 日

会计期间	应付利息	利息费用	摊销的利息调整	应付债券摊余成本
2×17 年 12 月 31 日				
2×18 年 12 月 31 日				

会计：张雨　　　　　　　复核：陈宇　　　　　　　制表：张雨

表 B-11-4　　　　　　　中国工商银行 电汇凭证（回单）1　　　第 0102 号
　　　　　　　　　　　委托日期：2×19 年 01 月 10 日　　　　应解汇款编号：070

汇款人	全　称	大宇轴承有限责任公司	收款人	全　称	信达证券有限责任公司	
	账　号	56011702346		账　号	56011703333	
	汇出地点	浙江省滨江市县	汇出行名称	工行滨江高新支行	汇入地点	浙江省滨江市县	汇入行名称	工行滨江高新支行
金额	人民币（大写）				亿千百十万千百十元角分	
汇款用途 （中国工商银行滨江高新支行　2×19.01.10　转讫）	支付债券利息	留行待取预留收款人印鉴
上列款项已代进账，如有错误，请持此联来行面洽。 汇出行盖章 2×19 年 01 月 10 日	上列款项已收妥。 （收款人盖章） 　　年　月　日	科目（借）_____ 对方科目（贷）_____ 汇出行汇出日期　年　月　日 复核　出纳　记账

此联是汇出行给汇款人的回单

表 B-11-5 1/2　　　　　　　　　中国工商银行转账支票

```
┌─────────────────┬────────────────────────────────────────────────────────────┐
│ 中国工商银行     │  中国工商银行  转账支票        10203320                     │
│ 转账支票存根     │                                 06723502                    │
│ 10203320        │  出票日期(大写)    年 月 日   付款行名称：                  │
│ 06723502        │  收款人：                     出票人账号：                  │
│ 附加信息         │  人民币(大写)        亿千百十万千百十元角分                │
│ 出票日期 年月日  │  用途____           密码____                               │
│ 收款人：         │  上列款项请从                                              │
│ 金  额：         │  我账户内支付                                              │
│ 用  途：         │  出票人签章    复核 瑞吴印昊   记账                        │
│ 单位主管  会计   │                                                             │
└─────────────────┴────────────────────────────────────────────────────────────┘
```

表 B-11-5 2/2　　　　　　　　　固定资产验收单

编号：16-234

名　称	锻压生产线	出厂编号	03562
型号（规格）	J8k70	原　值	82 000 000.00
生产厂家	上海维创机械制造有限责任公司	购入日期	2×19年12月31日
主要技术参数：略			
随机附件及数量：略			
随机资料：略			
设备安装调试情况：安装调试完成。			
设备验收结论：工作正常，可正式投入使用。			
参加验收人员：	金建华 李达 张明 叶文 孙云		
备注：			
保管部门签名：	金建华	日期：2×19.12.31	
使用部门签名：	孙云	日期：2×19.12.31	

注：一式三份，资产管理部门一份，使用部门一份，生产厂家一份。

表 B-11-6　　　　　　　　　　利息费用计提表
2×19年12月31日

会计期间	应付利息	利息费用	摊销的利息调整	应付债券摊余成本
2×17年12月31日				
2×18年12月31日				
2×19年12月31日				

会计：张雨　　　　　　复核：陈宇　　　　　　制表：张雨

表 B-11-7

中国工商银行 电汇 凭证（回单） 1　　第 0101 号

委托日期：2×20 年 01 月 10 日　　应解汇款编号：078

汇款人	全　称	大宇轴承有限责任公司	收款人	全　称	信达证券有限责任公司
	账　号	56011702346		账　号	56011703333
	汇出地点	浙江省滨江市县		汇入地点	浙江省滨江市县
	汇出行名称	工行滨江高新支行		汇入行名称	工行滨江高新支行

金额	人民币（大写）		亿 千 百 十 万 千 百 十 元 角 分

汇款用途	支付债券利息	留行待取预留收款人印鉴
上列款项已代进账，如有错误，请持此联来行面洽。汇出行盖章　2×20 年 01 月 10 日	上列款项已收妥。（收款人盖章）年 月 日	科目（借）_____ 对方科目（贷）_____ 汇出行汇出日期　年 月 日 复核　出纳　记账

（盖章：中国工商银行滨江高新支行 2×20.01.10 转讫）

此联是汇出行给汇款人的回单

表 B-11-8

利息费用计提表

2×20 年 12 月 31 日

会 计 期 间	应付利息	利息费用	摊销的利息调整	应付债券摊余成本
2×17 年 12 月 31 日				
2×18 年 12 月 31 日				
2×19 年 12 月 31 日				
2×20 年 12 月 31 日				

会计：张雨　　复核：陈宇　　制表：张雨

表 B-11-9

中国工商银行 电汇 凭证（回单） 1　　第 0106 号

委托日期：2×21 年 01 月 10 日　　应解汇款编号：080

汇款人	全　称	大宇轴承有限责任公司	收款人	全　称	信达证券有限责任公司
	账　号	56011702346		账　号	56011703333
	汇出地点	浙江省滨江市县		汇入地点	浙江省滨江市县
	汇出行名称	工行滨江高新支行		汇入行名称	工行滨江高新支行

金额	人民币（大写）		亿 千 百 十 万 千 百 十 元 角 分

汇款用途	支付债券本金和利息	留行待取预留收款人印鉴
上列款项已代进账，如有错误，请持此联来行面洽。汇出行盖章　2×21 年 01 月 10 日	上列款项已收妥。（收款人盖章）年 月 日	科目（借）_____ 对方科目（贷）_____ 汇出行汇出日期　年 月 日 复核　出纳　记账

（盖章：中国工商银行滨江高新支行 2×21.01.10 转讫）

此联是汇出行给汇款人的回单

任务 B-12 收入和费用实训原始凭证资料

表 B-12-1 1/2

浙江增值税专用发票

浙江

No 01050641

此联不作报销、扣税凭证使用　开票日期：2×21 年 08 月 02 日

购买方	名　　　称：滨江佳通汽车有限责任公司 纳税人识别号：91330001012678604213 地　址、电话：浙江省滨江市惠民路 45 号　62262292 开户行及账号：工行滨江惠民路支行　56034612145	密码区	（略）

货物或应税劳务、服务名称	规格型号	单位	数量	单价	金　额	税率	税　额
*轴承*SKF 进口轴承	6308	套	2 000	105.00	210 000.00	13%	27 300.00
合　计					¥210 000.00		¥27 300.00

价税合计（大写）	⊗贰拾叁万柒仟叁佰元整	（小写）¥237 300.00

销售方	名　　　称：大宇轴承有限责任公司 纳税人识别号：91330011678603318 地　址、电话：浙江省滨江市高新路 202 号　87321230 开户行及账号：工行滨江高新支行　56011702346	备注	（大宇轴承有限责任公司 91330011678603318 发票专用章）

收款人：　　　　复核：　　　　开票人：张 雨　　　　销售方：（章）

第一联：记账联　销售方记账凭证

表 B-12-1 2/2

产品出库单

2×21 年 08 月 02 日

购货单位：滨江佳通汽车有限责任公司　　　　　　　　　　　　编号：140212

产品编号	产品名称	单　位	数量	单价	金　额	备注
0045	SKF 进口轴承	套	2 000	85.00	170 000.00	

发货人：丁 一　　　　　　　　　　　　　　　　　　　　制单：刘 函

表 B-12-2 $\frac{1}{2}$ 委托代销合同

合同编号：023

2×21 年 08 月 03 日

甲方：大宇轴承有限责任公司　　　　　乙方：华浙商厦有限责任公司

所在地：浙江省滨江市高新路202号　　　所在地：滨江南京路22号

法定代表人：吴昊瑞　　　　　　　　　法定代表人：文海洋

开户银行：工商银行滨江高新支行　　　开户银行：工商银行滨江南京路支行

账号：56011702346　　　　　　　　　　账号：43012752242

委托代理人：江建　　　　　　　　　　委托代理人：沈佳

联络方式：13911008888　　　　　　　联络方式：13967382222

一、甲方委托乙方代销直线运动轴承1 000套，甲方按每套190元的价格向乙方供货，由乙方根据市场情况自行确定对外销售价格。供销差价由乙方享有或承担。

二、交货地点：由甲方托运直拨至购货单位。

三、结算办法：每月最后一天，乙方向甲方出具代销清单，结算本月货款。

四、甲方代销商品应与样品相符，保质保量。如因质量造成损失的，均由甲方负责。

五、本协议一式两份，甲、乙双方各持一份，双方签字盖章后即生效。

……

十、其他条款

……

表 B-12-2 $\frac{2}{2}$ 产品出库单

2×21 年 08 月 03 日

购货单位：华浙商厦有限责任公司　　　　　　　　　　　　　编号：140211

产品编号	产品名称	单位	数量	单价	金额	备注
0046	直线运动轴承	套	1 000	120	120 000.00	委托代销

发货人：丁一　　　　　　　　　　　　　　　　　　　　　　制单：刘函

表 B-12-3 $\frac{1}{2}$　　　　　　　　委托代销合同

合同编号：023

2×21 年 08 月 04 日

甲方：大宇轴承有限责任公司	乙方：华浙商厦有限责任公司
所在地：浙江省滨江市高新路202号	所在地：滨江南京路22号
法定代表人：吴昊瑞	法定代表人：文海洋
开户银行：工商银行滨江高新支行	开户银行：工商银行滨江南京路支行
账号：56011702346	账号：43012752242
委托代理人：江建	委托代理人：沈佳
联络方式：13911008888	联络方式：13967382222

一、甲方委托乙方代销SKF进口轴承(6308)1 000套，代销价格由甲方确定，每套110元，乙方应按甲方规定的价格销售。价格如有调整，甲方随时通知乙方。

二、交货地点：由甲方托运直拨至购货单位。

三、手续费收取与结算按下列办法：按销货款总额(不含增值税)10％收取手续费，每月最后一天结算本月货款及手续费，乙方代销手续费直接从甲方货款中扣除。

四、甲方代销商品应与样品相符，保质保量，代销数量、规格、价格，有效期内如有变更，甲方必须及时通知乙方，通知到达前，已由乙方签出的合同应照旧履行。如因质量或供货不及时造成损失的，均由甲方负责。

五、本协议一式两份，甲、乙双方各持一份，双方签字盖章后即生效。

……

十、其他条款

……

表 B-12-3 $\frac{2}{2}$　　　　　　　　产品出库单

2×21 年 08 月 04 日

购货单位：华浙商厦有限责任公司　　　　　　　　　　　　　　　　编号：140212

产品编号	产品名称	单 位	数 量	单 价	金 额	备 注
0045	SKF进口轴承	套	1 000	85	85 000	委托代销

发货人：丁一　　　　　　　　　　　　　　　　　　　　　　　　　制单：刘函

表 B-12-4　　　　　　　中华人民共和国税收通用完税证

注册类型：有限责任公司　　　填制日期：2×21年08月05日　征收机关：滨江市地税局第一分局

纳税人代码	91330001167860331 8		地址	浙江省滨江市高新路202号								
纳税人名称	大宇轴承有限责任公司		税款所属时期	2×21年08月								
税 种	课税数量	计税金额销售收入	税率或单位税额	已缴或扣除额	实缴税额							
					百	十	万	千	百	十	元	角	分
印花税									8	0	0	0	0
合　计								￥	8	0	0	0	0
金额合计	⊗捌佰元整												
缴款单位(人)盖章经办人(章)			税务机关(盖章)填票人(章)		备注								

第二联：缴款单位作完税凭证

表 B-12-5 1/2　　　　　　浙江增值税专用发票

3300202130

发　票　联　　　开票日期：2×21年08月08日　　No 00546619

购买方	名　　　称：大宇轴承有限责任公司 纳税人识别号：91330001167860331 8 地　址、电话：浙江省滨江市高新路202号　87321230 开户行及账号：工行滨江高新支行　56011702346	密码区	（略）

货物或应税劳务、服务名称	规格型号	单位	数量	单价	金额	税率	税额
*建筑服务 *绿化费			1	2 752.29	2 752.29	9%	247.71
合　　　计					￥2 752.29		￥247.71
价税合计(大写)	⊗叁仟元整				(小写)￥3 000.00		

销售方	名　　　称：滨江绿野园林有限责任公司 纳税人识别号：91310104568930798 地　址、电话：滨江市园林路65号　56654486 开户行及账号：建行建园林路支行　57708629312	备注	

收款人：　　　　复核：　　　　开票人：张林　　　　销售方：(章)

第三联：发票联　购买方记账凭证

表 B-12-5 2/2　　　　　　中国工商银行转账支票

表 B-12-6 1/3

开具红字增值税专用发票信息表

填开日期：2×21 年 08 月 11 日

销售方	名称	大宇轴承有限责任公司		购买方	名称	滨江佳通汽车有限责任公司		
	纳税人识别号	913300011678603318			纳税人识别号	913300010126 78604216		
开具红字专用发票内容	货物(劳务服务)名称		数量	单价	金额	税率	税额	
	SKF 进口轴承		2 000	−5.25	−10 500	13%	−1 365	
	合　计		2 000	−5.25	−10 500		−1 365	
说明	一、购买方☑ 对应蓝字专用发票抵扣增值税销项税额情况： 1. 已抵扣☑ 2. 未抵扣□ (1) 无法认证□ (2) 纳税人识别号认证不符□ (3) 增值税专用发票代码、号码认证不符□ (4) 所购货物或劳务、服务不属于增值税扣除项目范围□ 对应蓝字专用发票的代码：3300203130　　号码：01050642 二、销售方□ 1. 因开票有误购买方拒收的□ 2. 因开票有误等原因尚未交付的□ 对应蓝字专用发票的代码：_____　号码：_____							
红字发票信息表编号	(略)							

表 B-12-6 2/3

浙江增值税专用发票

3300203130

浙　江

No 01050642

此联不作报销、扣税凭证使用　　开票日期：2×21 年 08 月 11 日

购买方	名　　　称：滨江佳通汽车有限责任公司 纳税人识别号：913300010126 78604213 地　址、电话：浙江省滨江市惠民路 45 号　62262292 开户行及账号：工行滨江惠民路支行　56034612145			密码区	(略)			
货物或应税劳务、服务名称	规格型号	单位	数量	单价	金额	税率	税额	
*轴承*SKF 进口轴承	6308	套	2 000	−5.25	−10 500.00	13%	−1 365.00	
合　　计					¥−10 500.00		¥−1 365.00	
价税合计(大写)	⊗壹万壹仟捌佰陆拾伍元整				(小写)¥−11 865.00			
销售方	名　　　称：大宇轴承有限责任公司 纳税人识别号：913300011678603318 地　址、电话：浙江省滨江市高新路 202 号　87321230 开户行及账号：工行滨江高新支行　56011702346			备注	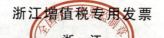			

收款人：　　　　复核：　　　　开票人：张雨　　　　销售方：(章)

表 B-12-6 3/3

中国工商银行 进账单（收账通知）

2×21 年 08 月 11 日　　3

出票人	全 称	滨江佳通汽车有限责任公司	收款人	全 称	大宇轴承有限责任公司
	账 号	56034612145		账 号	56011702346
	开户银行	工商银行滨江惠民路支行		开户银行	工商银行滨江高新支行

金额	人民币（大写）		亿 千 百 十 万 千 百 十 元 角 分

票据种类	转账支票	票据张数	1
票据号码		81115677	

（中国工商银行滨江高新支行 2×21.08.11 转讫）

复核　　记账　　　　　　收款人开户银行签章

此联是收款人开户银行交给收款人的收账通知

表 B-12-7 1/3

浙江增值税专用发票

3300203130

浙 江

（全国增值税发票监制 国家税务总局监制）

No 01050643

此联不作报销、扣税凭证使用　开票日期：2×21 年 08 月 15 日

购买方	名　　　称	顺达金属制品有限责任公司	密码区	（略）
	纳税人识别号	913300010000019888		
	地　址、电话	浙江省滨江市解放路 14 号　88389911		
	开户行及账号	工行滨江解放路分理处　56330355321		

货物或应税劳务、服务名称	规格型号	单位	数量	单价	金额	税率	税额
*有色金属冶炼压延品*电解铜		千克	300	45.00	13 500.00	13%	1 755.00
合　　计					¥13 500.00		¥1 755.00
价税合计（大写）	⊗壹万伍仟贰佰伍拾伍元整				（小写）¥15 255.00		

销售方	名　　　称	大宇轴承有限责任公司	备注	 大宇轴承有限责任公司 913300011678603318 发票专用章
	纳税人识别号	913300011678603318		
	地　址、电话	浙江省滨江市高新路 202 号　87321230		
	开户行及账号	工行滨江高新支行　56011702346		

收款人：　　　复核：　　　开票人：张 雨　　　销售方：（章）

第一联：记账联　销售方记账凭证

表 B-12-7 2/3

银行承兑汇票 2

出票日期　年　月　日　　No 00342336
（大写）

出票人全称		收款人	全称	
出票人账号			账号	
付款行全称			开户银行	
出票金额	人民币（大写）			亿 千 百 十 万 千 百 十 元 角 分
汇票到期日（大写）	年　月　日		付款行行号	067
承兑协议编号	C203481		地址	工行滨江解放路分理处
本汇票请你行承兑，到期无条件付款。		本汇票已经承兑，到期日由本行付款		复核　　记账
出票人签章		承兑行签章		
		承兑日期	年　月　日	

此联收款人开户行向承兑行收取票款时作联行往来付出传票

表 B-12-7 3/3

领料单

领料部门：销售部　　　2×21年08月15日　　　凭证编号：067
用　　途：销售　　　　　　　　　　　　　　　发料仓库：1号仓库

材料类别	材料名称及规格	材料编号	计量单位	计量 请领	计量 实发	单价	金额（元） 十 万 千 百 十 元 角 分
原料及主要材料	电解铜	1002	千克	300	300	40	1 2 0 0 0 0 0
合　计						¥	1 2 0 0 0 0 0

记账：张雨　　发料：丁一　　领料负责人：李达　　领料：孙云

第二联：记账联

表 B-12-8

费用报销单

报销日期：2×21年08月16日　　　　附件5张

费用项目	类别	金额	负责人（签章）	吴宝亮
业务招待费	餐费	5 000.00	审查意见	同意
			报销人（签章）	鲁舸
报销金额合计		¥5 000.00		现金付讫
核实金额（大写）	⊗伍仟元整		(小写) ¥5 000.00	

审核：张雨　　　　　　　　　　　　　　出纳：王琳

表 B-12-9

3100204130

上海增值税专用发票

上海

发票联

No 01464269

开票日期：2×21年8月17日

购买方	名　　　称：大宇轴承有限责任公司 纳税人识别号：913300011678603318 地　址、电　话：浙江省滨江市高新路202号　87321230 开户行及账号：工行滨江高新支行　56011702346	密码区	（略）

货物或应税劳务、服务名称	规格型号	单位	数量	单价	金额	税率	税额
*设计服务*产品包装设计		套	1	5 000.00	5 000.00	6%	300.00
合　计					￥5 000.00		￥300.00

价税合计（大写）	⊗伍仟叁佰元整	（小写）￥5 300.00

销售方	名　　　称：滨江恒美广告设计有限责任公司 纳税人识别号：913300010734920156 地　址、电　话：滨江罗香路200号　34805136 开户行及账号：工行滨江长桥支行　202203615114	

收款人：　　　复核：　　　开票人：王　松　　　销售方：（章）

第三联：发票联　购买方记账凭证

表 B-12-10　1/2

湖南省长沙市国家税务局

企业进货退出及索取折让证明单

销售方	全　称	大宇轴承有限责任公司				
	税务登记号	913300011678603318				
进货退出	货物名称	单价	数量	货款	税额	
	直线运动轴承	180元/套	500套	90 000.00	11 700.00	
索取折让	货物名称	货款	税额	要求	
				折让金额	折让税额
退货或索取折让理由	发货错误。 经办人：李容华 单位盖章 2×21年08月18日	税务征收机关签章	经办人：吴容国 2×21年08月18日		
购买方	全　称	湖南机械有限责任公司				
	税务登记号	914301011678603316				

表 B-12-10 2/2

浙江增值税专用发票

浙 江

3300203130

No 01050644

此联不作报销、扣税凭证使用　开票日期：2×21 年 08 月 18 日

购买方	名　　　　称：湖南机械有限责任公司 纳税人识别号：914301011678603312 地　址、电　话：湖南省长沙市中山路145号　28320030 开户行及账号：工行中山路支行　00022713447	密码区	（略）

货物或应税劳务、服务名称	规格型号	单位	数量	单价	金　额	税率	税　额
*轴承*直线运动轴承	LM3	套	-500	180.00	-90 000.00	13%	-11 700.00
合　　计					¥ -90 000.00		¥ -11 700.00

价税合计（大写）	⊗壹拾万壹仟柒佰元整	（小写）¥ -101 700.00

销售方	名　　　　称：大宇轴承有限责任公司 纳税人识别号：9133000116678603318 地　址、电　话：浙江省滨江市高新路202号　87321230 开户行及账号：工行滨江高新支行　56011702346	备注	

收款人：　　　　复核：　　　　开票人：张 雨　　　　销售方：（章）

表 B-12-11　　　　　　　　　　产品入库单

供货单位：湖南机械有限责任公司　　　　　　　　　凭证编号：312
发票编号：01050644　　　2×21 年 08 月 20 日　　　收料仓库：3号仓库

编号	名称	规格	单位	数量		实际成本			
				应收	实收	单价	金额	运费	合计
1001	直线运动轴承	LM3	套	500	500	120.00	60 000.00		60 000.00

备注：发货型号错误，退货。

主管：赵 昀　　　记账：张 雨　　　仓库保管：丁 一　　　经办人：张 苹

表 B-12-12 1/4　　　　　　　　代销清单

2×21 年 08 月

产品名称	规格型号	单位	数量	单价	总价
直线运动轴承	LM3	套	300	190.00	57 000.00
SKF进口轴承	6308	套	450	110.00	49 500.00
					106 500.00
合　计					

审批：文海洋　　　　　　　　　　　　　　　　　　制单：沈 佳

表 B-12-12 2/4

浙江增值税专用发票

浙 江

No 01050645

此联不作报销、扣税凭证使用　开票日期：2×21 年 08 月 31 日

购买方	名　称：华浙商厦有限责任公司 纳税人识别号：913300012299356706 地　址、电话：滨江南京路22号　88380129 开户行及账号：工行滨江南京路支行　43012752242	密码区	（略）

货物或应税劳务、服务名称	规格型号	单位	数量	单价	金额	税率	税额
*轴承*直线运动轴承	LM3	套	300	190.00	57 000.00	13%	7 410.00
*轴承*SKF进口轴承	6308	套	450	110.00	49 500.00	13%	6 435.00
合　计					¥106 500.00		¥13 845.00
价税合计（大写）	⊗壹拾贰万零叁佰肆拾伍元整				（小写）¥120 345.00		

销售方	名　称：大宇轴承有限责任公司 纳税人识别号：913300011678603318 地　址、电话：浙江省滨江市高新路202号　87321230 开户行及账号：工行滨江高新支行　56011702346	备注	大宇轴承有限责任公司 913300011678603318 发票专用章

收款人：　　　　复核：　　　　开票人：张　雨　　　　销售方：（章）

第一联：记账联　销售方记账凭证

表 B-12-12 3/4

中国工商银行 进账单（收账通知）

2×21 年 08 月 31 日

3

出票人	全　称	华浙商厦有限责任公司	收款人	全　称	大宇轴承有限责任公司
	账　号	43012752242		账　号	56011702346
	开户银行	工商银行南京路支行		开户银行	工商银行滨江高新支行

金额	人民币 （大写）					亿	千	百	十	万	千	百	十	元	角	分

票据种类	转账支票	票据张数	1	中国工商银行滨江高新支行 2×21.08.31 转讫
票据号码		81117866		
复核		记账		收款人开户银行签章

此联是收款人开户银行交给收款人的收账通知

表 B-12-12 $\frac{4}{4}$　　　　　　　代销产品成本结转表

2×21 年 08 月 31 日

产品名称	规格型号	单位	代销数量	单位成本	总成本
直线运动轴承	LM3	套	300	120.00	36 000.00
SKF 进口轴承	6308	套	450	85.00	38 250.00
合　计					74 250.00

会计：张 雨　　　　　　复核：陈 宇　　　　　　制表：张 雨

任务 B-13　实收资本实训原始凭证资料

表 B-13-1 $\frac{1}{7}$　　　　　　　投资协议书

甲方：滨江万达机械有限责任公司
乙方：滨江安华金属有限责任公司

　　经双方友好协商,根据中华人民共和国法律、法规的规定,就双方出资共同设立大宇轴承有限责任公司达成以下协议,以资共同遵守。
　　第一条　投资额和投资方式
　　甲方、乙方共同出资设立大宇轴承有限责任公司,出资总额为人民币 500 万元,新设立公司注册资本为 500 万元。甲方以货币资金出资,出资额为 300 万元,占注册资本的 60%；乙方以存货和货币资金出资,其中存货价值 50 万元,增值税 6.5 万元,货币资金出资额为 143.5 万元,总计 200 万元,占注册资本的 40%。
　　甲方、乙方应于 2×16 年 1 月 10 日前将上述出资额汇入指定的银行：中国工商银行滨江高新支行,账号 56011702340。乙方应于 2×16 年 1 月 10 日将存货运抵大宇轴承有限责任公司,办理验收手续。
　　第二条　利润分享和亏损分担（略）
　　第三条　事务执行（略）
　　第四条　投资的转让（略）
　　第五条　其他权利和义务（略）
　　第六条　违约责任（略）
　　第七条　其他（略）

协议各方签章：
滨江万达机械有限责任公司　　滨江安华金属有限责任公司

法人代表：韩爽　　　　　　　法人代表：江云

2×16 年 01 月 01 日

表 B-13-1 $\frac{2}{7}$　　　　中国工商银行**进账单**(收账通知)　　　3
　　　　　　　　　　　　2×16 年 01 月 10 日

出票人	全称	滨江万达机械有限责任公司	收款人	全称	大宇轴承有限责任公司
	账号	34088792999		账号	56011702346
	开户银行	工商银行滨江高新支行		开户银行	工商银行滨江高新支行

金额	人民币（大写）		亿	千	百	十	万	千	百	十	元	角	分

票据种类	转账支票	票据张数	1
票据号码		00806666	

复核　　　记账　　　　　收款人开户银行签章

（盖章：中国工商银行滨江高新支行 2×16.01.10 转讫）

此联是收款人开户银行交给收款人的收账通知

表 B-13-1 $\frac{3}{7}$　　　　中国工商银行**进账单**(收账通知)　　　3
　　　　　　　　　　　　2×16 年 01 月 10 日

出票人	全称	滨江安华金属有限责任公司	收款人	全称	大宇轴承有限责任公司
	账号	34088792502		账号	56011702346
	开户银行	工商银行滨江高新支行		开户银行	工商银行滨江高新支行

金额	人民币（大写）		亿	千	百	十	万	千	百	十	元	角	分

票据种类	转账支票	票据张数	1
票据号码		00992222	

复核　　　记账　　　　　收款人开户银行签章

（盖章：中国工商银行滨江高新支行 2×16.01.10 转讫）

此联是收款人开户银行交给收款人的收账通知

表 B-13-1 $\frac{4}{7}$

浙江增值税专用发票

浙江

No 02347766

发票联　开票日期：2×16 年 01 月 10 日

购买方	名称	大宇轴承有限责任公司				密码区		（略）		
	纳税人识别号	913300011678603318								
	地址、电话	滨江市高新路 202 号　87321230								
	开户行及账号	工行滨江高新支行　56011702346								

货物或应税劳务、服务名称	规格型号	单位	数量	单价	金额	税率	税额
*有色金属冶炼压延品*电解铜		千克	5 000	30.00	150 000.00	13%	19 500.00
*有色金属冶炼压延品*黄铜管		千克	5 000	40.00	200 000.00	13%	26 000.00
*黑色金属冶炼压延品*轴承钢		千克	7 500	20.00	150 000.00	13%	19 500.00
合计					¥500 000.00		¥65 000.00
价税合计（大写）	⊗伍拾陆万伍仟元整				（小写）¥ 565 000.00		

销售方	名称	滨江安华金属有限责任公司	备注	
	纳税人识别号	913300011678602216		
	地址、电话	滨江市高新路 456 号　88110235		
	开户行及账号	工行滨江高新支行　34088792502		

收款人：　　　复核：　　　开票人：江华　　　销售方：（章）

第三联：发票联　购买方记账凭证

表 B-13-1 $\frac{5}{7}$

收料单

供货单位：滨江安华金属有限责任公司　　　凭证编号：13

发票编号：02347766　　　2×16 年 01 月 10 日　　　收料仓库：1 号仓库

类别	编号	名称	规格	单位	数量		实际成本			
					应收	实收	单价	金额	运费	合计
原料及主要材料	1002	电解铜		千克	5 000	5 000	30.00	150 000.00		150 000.00

备注：2×16 年电解铜计划单价为 30 元/千克。

主管：赵昀　　记账：张雨　　仓库保管：丁一　　经办人：张苹

表 B-13-1 $\frac{6}{7}$

收料单

供货单位：滨江安华金属有限责任公司　　　凭证编号：14

发票编号：02347766　　　2×16 年 01 月 10 日　　　收料仓库：1 号仓库

类别	编号	名称	规格	单位	数量		实际成本			
					应收	实收	单价	金额	运费	合计
原料及主要材料	1003	黄铜管		千克	5 000	5 000	40.00	200 000.00		200 000.00

备注：2×16 年黄铜管计划单价为 40 元/千克。

主管：赵昀　　记账：张雨　　仓库保管：丁一　　经办人：张苹

表 B-13-1 $\frac{7}{7}$ 　　　　　　　　　收 料 单

供货单位：滨江安华金属有限责任公司　　　　　　　　　凭证编号：15
发票编号：02347766　　　　　2×16年01月10日　　　　收料仓库：1号仓库

类别	编号	名称	规格	单位	数量		实际成本			
					应收	实收	单价	金额	运费	合计
原料及主要材料	1001	轴承钢		千克	7 500	7 500	20.00	150 000.00		150 000.00

备注：2×16年轴承钢计划单价为20元/千克。

主管：赵昀　　记账：张雨　　仓库保管：丁一　　经办人：张苹

表 B-13-2　　　　　　　　　债务重组协议

甲方：大宇轴承有限责任公司
乙方：上海天佑自动化设备有限责任公司

截至2×19年7月1日，甲方因向乙方购买设备积欠货款60万元，由于甲方流动资金短缺，短期内无力支付货款，经双方协商达成如下协议：乙方将应收甲方60万元的货款转为对甲方的投资，占甲方注册资本50万元。

大宇轴承有限责任公司　　　　　　　　　上海天佑自动化设备有限责任公司

法人代表：吴瑞　　　　　　　　　　　　法人代表：梁飞

　　　　　　　　　　　　　　　　　　　　　　2×19年07月01日

表 B-13-3 $\frac{1}{3}$　　　　　　　　股权增资协议

大宇轴承有限责任公司系由滨江万达机械有限责任公司和滨江安华金属有限责任公司共同设立的有限责任公司,注册资本 500 万元。现滨江万达机械有限责任公司拟单方对大宇轴承有限责任公司增资。为此,特签订本协议。

一、增资

经大宇轴承有限责任公司股东会审议同意滨江万达机械有限责任公司以设备对大宇轴承有限责任公司单方增资,设备总价值 113 万元(含增值税),占公司注册资本 100 万元。增值后,大宇轴承有限责任公司注册资本为 650 万元,其中滨江万达机械有限责任公司出资 400 万元,滨江安华金属有限责任公司出资 200 万元,上海天佑自动化设备有限责任公司出资 50 万元。

本协议在获得滨江万达机械有限责任公司股东会批准后生效,滨江万达机械有限责任公司应将投资设备在 2×20 年 1 月 10 日前移交大宇轴承有限责任公司。

二、增资后的赢利分配等事项(略)
三、有关费用负担(略)
四、违约责任(略)
五、争议解决(略)

协议各方签章:
大宇轴承有限责任公司　　　　　　　　滨江万达机械有限责任公司
法人代表：　　　　　　　　　　　　　法人代表：

滨江安华金属有限责任公司　　　　　　上海天佑自动化设备有限责任公司
法人代表：　　　　　　　　　　　　　法人代表：

2×20 年 01 月 01 日

表 B-13-3 $\frac{2}{3}$　　　　　　　　浙江增值税专用发票

3300231130　　　　　　　　　　浙　江　　　　　　　　　No 05437861

发　票　联　　　　开票日期：2×20 年 01 月 10 日

购买方	名　　　称：大宇轴承有限责任公司 纳税人识别号：913300011678603318 地址、电话：滨江市高新路 202 号　87321230 开户行及账号：工行滨江高新支行　56011702346	密码区	(略)

货物或应税劳务、服务名称	规格型号	单位	数量	单　价	金　额	税率	税额
＊其他机械设备＊轴承装配线		套	1	1 000 000.00	1 000 000.00	13％	130 000.00
合　　计					￥1 000 000.00		￥130 000.00
价税合计(大写)	⊗壹佰壹拾叁万元整				(小写)￥1 130 000.00		

销售方	名　　　称：滨江万达机械有限责任公司 纳税人识别号：913300011678604576 地址、电话：滨江市高新路 034 号　88110265 开户行及账号：工行滨江高新支行　34088792999	备注	

收款人：　　　　复核：　　　　开票人：梁安邦　　　　销售方(章)

表 B-13-3 $\frac{3}{3}$　　　　　　　　　　固定资产验收单

编号：05-001

设备名称	轴承装配线	出厂编号	0568
型号（规格）		原　值	
生产厂家	上海维创机械制造有限责任公司	购入日期	2×20年01月10日
主要技术参数：略			
随机附件及数量：略			
随机资料：略			
设备安装调试情况：安装调试完成。			
设备验收结论：工作正常，可正式投入使用。			
参加验收人员：金建华　李达　张明　叶文　孙云			
备注：			
保管部门签名：金建华　　日期：2×20.01.10			
保管部门签名：孙云　　日期：2×20.01.10			

注：一式三份，资产管理部门一份，使用部门一份，生产厂家一份。

表 B-13-4　　　　　　　　大宇轴承有限责任公司临时股东会决议

一、会议召开和出席情况。
　　……
二、审议通过了以资本公积转增资本、盈余公积转增资本议案。
　　截至2×21年3月1日，公司所有者权益状况如下：实收资本650万元，资本公积100万元，盈余公积250万元，未分配利润120万元。公司以现有资本为基数，以资本公积50万元转增资本，盈余公积50万元转增资本。

股东（授权代表）签章（略）

2×21年03月01日

任务 B-14 利润及利润分配实训原始凭证资料

表 B-14-1　　　　　　　　　　应交所得税计算表

2×20 年 12 月 31 日

项　目		金　额
1—12 月利润总额		
1—12 月预提所得税		
纳税调整项目	调增项目	
	调减项目	
全年应纳税所得额		
全年应交所得税		
应补提或冲回的所得税		

会计：张　雨　　　　　　　复核：陈　宇　　　　　　　制表：张　雨

表 B-14-2　　　　　　　　　损益类账户发生额计算表

2×20 年 12 月 31 日

科　目	借方发生额	贷方发生额
主营业务收入		
其他业务收入		
公允价值变动损益		
投资收益		
营业外收入		
主营业务成本		
其他业务成本		
税金及附加		
销售费用		
管理费用		
财务费用		
资产减值损失		
营业外支出		
所得税费用		

会计：张　雨　　　　　　　复核：陈　宇　　　　　　　制表：张　雨

表 B-14-3　　　　　　　　　　　盈余公积计算表

2×20 年 12 月 31 日

项　　目	金　　额
2×20 年净利润	
弥补以前年度亏损	
提取法定盈余公积	
提取任意盈余公积	

会计：张　雨　　　　　　　复核：陈　宇　　　　　　　制表：张　雨

表 B-14-4　　　　　　　　　　　利润分配结转表

2×20 年 12 月 31 日

项　　目	金　　额
利润分配——提取法定盈余公积	
利润分配——提取任意盈余公积	

会计：张　雨　　　　　　　复核：陈　宇　　　　　　　制表：张　雨

表 B-14-5　　　　　　大宇轴承有限责任公司 2×20 年度股东会决议

一、会议召开和出席情况
……

二、提案审议情况
……

4. 审议通过了《2×20 年度利润分配方案》

2×20 年共实现净利润＿＿＿＿＿＿万元，弥补以前年度亏损＿＿＿＿＿＿，根据公司章程，按弥补亏损后的净利润的 10％计提法定盈余公积金，5％计提任意盈余公积；按弥补亏损后净利润的 60％分配利润。
……

股东（授权代表）签章（略）

2×21 年 03 月 02 日

任务 B-15　财务会计综合实训原始凭证资料

表 B-15-1 $\frac{1}{2}$

江苏增值税专用发票

江　苏

No 00540002

发票联　　开票日期：2019 年 12 月 09 日

购买方	名　　　　称：浙江荣发物资有限责任公司 纳税人识别号：91330208830020288K 地　址、电　话：浙江省杭州市创新路 188 号　0571-88008666 开户行及账号：工商银行杭州创新支行　95588320012600046	密码区	（略）

货物或应税劳务、服务名称	规格型号	单位	数量	单价	金额	税率	税额
＊黑色金属冶炼压延品＊钢材		吨	5	518 363.88	2 591 819.41	13％	336 936.52
合　　计					￥2 591 819.41		￥336 936.52
价税合计（大写）	⊗贰佰玖拾贰万捌仟柒佰伍拾伍元玖角叁分（小写）￥2 928 755.93						

销售方	名　　　　称：江苏久长不锈钢有限责任公司 纳税人识别号：91320055210000883U 地　址、电　话：南京市中山街 888 号　025-78365281 开户行及账号：工行大洋路分行　2801001122088011173	备注	

收款人：　　　　　复核：　　　　　开票人：李红　　　　　销售方：（章）

第三联：发票联　购买方记账凭证

表 B-15-1 $\frac{2}{2}$

转账支票

中国工商银行
转账支票存根
10203320
03789621

附加信息

_____

_____

出票日期：20×1 年 12 月 09 日

收　款　人：	江苏久长不锈钢有限责任公司
金　　　额：	￥2 928 755.93
用　　　途：	购钢材款

单位主管　周刚　会计　郑萍

表 B-15-2 1/2　　　　　　　中华人民共和国税收通用完税证

注册类型：有限责任公司　　填制日期：20×1 年 12 月 10 日

征收机关：国家税务总局浙江省杭州市第一分局

纳税人代码	91330208830020288K		地址	浙江省杭州市创新路 188 号							
纳税人名称	浙江荣发物资有限责任公司		税款所属时期	20×1 年 11 月							
税种	课税数量	计税金额销售收入	税率或单位税额	已缴或扣除额	实缴税额						
					百	十	万	千	百	十	元	角	分
增值税								4	2	0	6	7	0
合计					¥			4	2	0	6	7	0

金额合计（×）肆仟贰佰零拾陆元柒角整

缴款单位（人）盖章　经办人（章）　　税务机关（盖章）　填票人（章）　　备注

第二联：缴款单位作完税凭证

表 B-15-2 2/2　　　　　　　中华人民共和国税收通用完税证

注册类型：有限责任公司　　填制日期：20×1 年 12 月 10 日

征收机关：国家税务总局浙江省杭州市第一分局

纳税人代码	91330208830020288K		地址	浙江省杭州市创新路 188 号							
纳税人名称	浙江荣发物资有限责任公司		税款所属时期	20×1 年 11 月							
税种	课税数量	计税金额销售收入	税率或单位税额	已缴或扣除额	实缴税额						
					百	十	万	千	百	十	元	角	分
城建税									2	9	4	4	7
教育费附加									2	1	0	3	3
印花税									4	8	5	4	5
水利专项资金								1	1	2	7	4	6
企业所得税								1	4	9	4	5	6
合计				(01)	¥			2	6	7	5	4	2	2	7

金额合计（×）贰拾陆万柒仟伍佰肆拾贰元贰角柒分

缴款单位（人）盖章　经办人（章）　　税务机关（盖章）　填票人（章）　　备注

第二联：缴款单位作完税凭证

表 B-15-3

转账支票

中国工商银行
转账支票存根
10203320
03789622

附加信息
_____
_____
_____

出票日期：20×1年12月15日

收款人：	浙江荣发物资有限责任公司
金　额：	¥ 357 360.02
用　途：	支付工资

单位主管 周刚　会计 郑萍

注：工资分配清单略。

表 B-15-4

浙江增值税专用发票

浙　江

 3302214130

发 票 联　　开票日期：20×1年12月17日　№00560018

购买方	名　　称：浙江荣发物资有限责任公司 纳税人识别号：91330208830020288K 地址、电话：浙江省杭州市创新路188号　0571-88008666 开户行及账号：工商银行杭州创新支行　95588320012600046	密码区	（略）
货物或应税劳务、服务名称	规格型号　单位　数量　单价	金额	税率　税额
*劳务*维修费		1 268.14	13%　164.86
合　计		¥ 1 268.14	¥ 164.86
价税合计（大写）	⊗壹仟肆佰叁拾叁元整	（小写）¥ 1 433.00	
销售方	名　　称：杭州宏达汽修发展公司 纳税人识别号：91330255210440663M 地址、电话：杭州市光明路86号　0571-87693725 开户行及账号：建行光明路分理处　3601221145085611605	备注	

收款人：　　　复核：　　　开票人：王蓉　　　销售方：（章）

表 B-15-5

江苏增值税普通发票
江苏 发票联

 3200213320

No 00364700

开票日期：20×1 年 12 月 20 日

购买方	名　　称：浙江荣发物资有限责任公司 纳税人识别号：91330208830020288K 地　址、电　话：杭州市创新路 188 号　0571-88008666 开户行及账号：工商银行杭州创新支行　95588320012600046	密码区	（略）

货物或应税劳务、服务名称	规格型号	单位	数量	单　价	金　额	税率	税　额
＊餐饮服务＊餐费			1	2 079.72	2 079.72	6％	124.78
合　　计					￥2 079.72		￥124.78

价税合计（大写）	⊗贰仟贰佰零肆元伍角整	（小写）￥2 204.50

销售方	名　　称：江南新世纪大酒店 纳税人识别号：91330046370000778D 地　址、电　话：杭州市文一路 006 号　0571-87846689 开户行及账号：建行文一路分理处　6778432045260795732	备注	（江南新世纪大酒店 91330046370000778D 发票专用章）

收款人：　　　复核：　　　开票人：李华　　　销售方：（章）

表 B-15-6

差旅费报销单

报销日期：20×1 年 12 月 20 日

部门	采购部	出差人	李浩		事由	采购业务				
出差日期	起止地点	飞机	火车	汽车	市内交通费	住宿费	补贴	其他	合　计	单据
12月12日	杭州至四海		340.50			1 020.00	800.00		2 160.50	2
12月15日	四海至杭州		340.50						340.50	1
合　计			￥681.00			￥1 020.00	￥800.00		￥2 501.00	3

报销金额	人民币（大写）贰仟伍佰零壹元整		（小写）￥2 501.00	
原借款	￥3 000.00	报销额	￥2 501.00（其中：计入费用金额为 2 387.04 元，增值税为 113.96 元）	应补付（退还）￥499.00
财会审核意见	已审核　周刚 20×1.12.20	审批人意见	同意报销　李一　20×1.12.20	

主管：　　　会计：　　　出纳：　　　报销人：李浩

注：附 3 张单据略，经计算火车票可以抵扣的增值税为 56.22 元，住宿费可以抵扣的增值税为 57.74 元，共计 113.96 元。

表 B-15-7

江苏增值税专用发票
江苏 发票联

 3200214130

No 00540037

开票日期：20×1 年 12 月 20 日

购买方	名　　称：浙江荣发物资有限责任公司 纳税人识别号：91330208830020288K 地　址、电　话：浙江省杭州市创新路 188 号　0571-88008666 开户行及账号：工商银行杭州创新支行　95588320012600046	密码区	（略）

货物或应税劳务、服务名称	规格型号	单位	数量	单　价	金　额	税率	税　额
＊有色金属冶炼压延品＊铝材		吨	5	984 224.63	4 921 123.17	13％	639 746.01
合　　计					￥4 921 123.17		￥639 746.01

价税合计（大写）	⊗伍佰伍拾陆万零捌佰陆拾玖元壹角捌分	（小写）￥5 560 869.18

销售方	名　　称：江苏红星轻合金有限责任公司 纳税人识别号：91320046370000556N 地　址、电　话：南京市兴华路 68 号　025-68472943 开户行及账号：建行兴华路分理处　6778432045260784621	备注	（江苏红星轻合金有限责任公司 91320046370000556N 发票专用章）

收款人：　　　复核：　　　开票人：孔华　　　销售方：（章）

表 B-15-8 1/2

3200214130

江苏增值税专用发票
江　苏

发　票　联　　开票日期：20×1 年 12 月 21 日

No 00540046

购买方	名　　　称：浙江荣发物资有限责任公司 纳税人识别号：91330208830020288K 地　址、电　话：杭州市创新路 188 号　0571-88008666 开户行及账号：工商银行杭州创新支行　95588320012600046	密码区	（略）

货物或应税劳务、服务名称	规格型号	单位	数量	单价	金　额	税率	税　额
*有色金属冶炼压延品*铝材		吨	0.156 632	984 224.63	154 161.54	13％	20 041.00
合　　计					¥ 154 161.54		¥ 20 041.00

价税合计（大写）	⊗壹拾柒万肆仟贰佰零贰元伍角肆分　　　　（小写）¥ 174 202.54

销售方	名　　　称：江苏红星轻合金有限责任公司 纳税人识别号：91320046370000556N 地　址、电　话：南京市兴华路 68 号　025-68472943 开户行及账号：建行兴华路分理处　6778432045260784621	备注	

收款人：　　　　　复核：　　　　开票人：孔 华　　　销售方：（章）

第三联：发票联　购买方记账凭证

表 B-15-8 2/2

转账支票

中国工商银行
转账支票存根
10203320
03789623

附加信息
_____
_____
_____

出票日期：20×1 年 12 月 21 日

收款人：	江苏红星轻合金有限责任公司
金　额：	¥ 174 202.54
用　途：	购铝材

单位主管：周 刚　会计：郑 萍

表 B-15-9 1/2　　　　　　　　　　收料单

供货单位：江苏久长不锈钢有限责任公司　　　　　　　　　凭证编号：001
发票编号：00540002　　　　　20×1年12月21日　　　　收料仓库：一号仓库

类别	编号	名称	规格	单位	数量		实际成本			
					应收	实收	单价	金额	运费	合计
钢材	gc	轧钢		吨	5	5	518 363.88	2 591 819.41	0.00	2 591 819.41
备注：										

主管：周刚　　记账：　　会计：郑萍　　仓库保管：丁放　　经办人：孙勇

表 B-15-9 2/2　　　　　　　　　　收料单

供货单位：江苏红星轻合金有限责任公司　　　　　　　　　凭证编号：008
发票编号：00540037、00540046　　20×1年12月21日　　收料仓库：二号仓库

类别	编号	名称	规格	单位	数量		实际成本			
					应收	实收	单价	金额	运费	合计
铝材	lc			吨	5.156 632	5.156 632	984 224.63	5 075 284.71	0.00	5 075 284.71
备注：										

主管：周刚　　记账：　　会计：郑萍　　仓库保管：丁放　　经办人：孙勇

表 B-15-10　　　　　　　　　　银行承兑汇票(卡片)

出票日期：贰零某壹年壹拾贰月贰拾贰日　　　　　№00562308
（大写）

出票人全称	浙江荣发物资有限责任公司	收款人	全称	江苏红星轻合金有限责任公司
出票人账号	955883200126000４619		账号	677843204526078４621
付款行全称	中国工商银行杭州市创新支行		开户银行	中国建设银行兴华路分理处
出票金额	人民币（大写）伍佰万元整			亿千百十万千百十元角分　¥500000000
汇票到期日（大写）	贰零某贰年陆月零壹拾日	付款行	行号	115
承兑协议编号	C2014081		地址	浙江省杭州市创新路8号
本汇票请你行承兑，到期无条件付款。出票人签章		本汇票已经承兑，到期日由本行付款。承兑行签章：李萍　承兑日期　年　月　日		复核　记账

注：承兑协议略。

表 B-15-11 1/2

浙江增值税专用发票

浙江

3302214130

№ 00880169

此联不作报销、扣税凭证使用　开票日期：20×1 年 12 月 21 日

购买方	名　　　称：哈尔滨宏远有限责任公司 纳税人识别号：912400167800791356C 地　址、电　话：哈尔滨市人民路 19 号　0451-57298645 开户行及账号：建行哈尔滨灯塔路分理处　7554832671263214685	密码区	（略）

货物或应税劳务、服务名称	规格型号	单位	数量	单价	金　额	税率	税　额
*有色金属冶炼压延品*铝材		批			2 295 558.04	13%	298 422.55
合　计					¥ 2 295 558.04		¥ 298 422.55
价税合计（大写）	⊗贰佰伍拾玖万叁仟玖佰捌拾元伍角玖分				（小写）¥ 2 593 980.59		

销售方	名　　　称：浙江荣发物资有限责任公司 纳税人识别号：91330208830020288K 地　址、电　话：杭州市创新路 188 号　0571-88008666 开户行及账号：工商银行杭州创新支行　95588320012600046	备注	浙江荣发物资有限责任公司 91330208830020288K 发票专用章

收款人：陈蓝　　复核：郑萍　　开票人：叶文　　销售方：（章）

表 B-15-11 2/2

领料单

领料部门：　　　　　　　20×1 年 12 月 21 日　　　　　凭证编号：012
用　　途：销售　　　　　　　　　　　　　　　　　　　发料仓库：二号仓库

材料类别	材料名称及规格	材料编号	计量单位	计量		单价	金　额（元）								
				请领	实发		百	十	万	千	百	十	元	角	分
铝材			吨	2.215 734	2.215 734	984 224.63		2	1	8	0	7	9	9	8
合　计															

记账：郑萍　　　发料：孙勇　　　负责人：丁放　　　领料：张雨

表 B-15-12　　　　　　　　中国工商银行特种转账借方传票　4

20×1 年 12 月 21 日

总字第　　号
字第　　号

付款人	全称	浙江荣发物资有限责任公司	收款人	全称	中国工商银行杭州支行
	账号	9558832001260004619		账号	10944550
	开户银行	工商银行杭州创新支行		开户银行	

金额	人民币（大写）	壹拾万玖仟肆佰肆拾伍元伍角整	千	百	十	万	千	百	十	元	角	分
				¥	1	0	9	4	4	5	5	0

原始凭证金额		赔偿金		
原始凭证名称		号码	科目（借）_____	
			对方科目（贷）_____	
转账原因	支付本月借款利息		会计　复核　记账　制票	

（收款人开户行盖章：中国工商银行杭州市创新支行 20×1.12.21 转讫）

附件　张

表 B-15-13　1/2　　　　　　　　银行承兑汇票　2

出票日期：贰零某壹年壹拾贰月贰拾贰日　　No 00562015
（大写）

出票人全称	哈尔滨宏远有限责任公司	收款人	全称	浙江荣发物资有限责任公司
出票人账号	7554832671263214685		账号	9558832001260004619
付款行全称	建设银行哈尔滨灯塔路分理处		开户银行	工商银行杭州创新支行

出票金额	人民币（大写）	壹佰伍拾肆万元整	亿	千	百	十	万	千	百	十	元	角	分
					¥	1	5	4	0	0	0	0	0

汇票到期日（大写）	贰零某贰年陆月壹拾壹日	付款行	行号	002
承兑协议编号	C2014005		地址	哈尔滨市灯塔路8号
本汇票请你行承兑，到期无条件付款。		本汇票已经承兑，到期日由本行付款	复核　记账	
出票人签章　陈宇		吴亚迪　　承兑行签章　承兑日期　年　月　日		

（汇票专用章：中国建设银行哈尔滨市灯塔路分理处）

此联收款人开户行向承兑行收取票款时作联行往来付出传票

表 B-15-13 2/2

中国工商银行 进账单(收账通知)

20×1年12月22日   3

出票人	全称	哈尔滨宏远有限责任公司	收款人	全称	浙江荣发物资有限责任公司
	账号	7554832671263214685		账号	9558832001260004619
	开户银行	建设银行哈尔滨灯塔路分理处		开户银行	工商银行杭州创新支行
金额	人民币(大写)	柒万元整		亿千百十万千百十元角分 ¥ 7 0 0 0 0 0 0	
票据种类	转账支票	票据张数	1		
票据号码					
	复核		记账		收款人开户银行签章

（盖章：中国工商银行杭州市创新支行 20×1.12.22 转讫）

此联是收款人开户银行交给收款人的收账通知

表 B-15-14 1/2

银行承兑汇票 2

出票日期：贰零某壹年壹拾贰月贰拾叁日（大写）   No 00562008

出票人全称	杭州外海有限责任公司	收款人	全称	浙江荣发物资有限责任公司
出票人账号	732001260123456		账号	9558832001260004619
付款行全称	工商银行杭州中兴路分理处		开户银行	工商银行杭州创新支行
汇票金额	人民币(大写) 伍佰万元整		亿千百十万千百十元角分 ¥ 5 0 0 0 0 0 0 0 0	
汇票到期日(大写)	贰零某贰年陆月壹拾壹日	付款行行号	005	
		地址	杭州市中兴路8号	
承兑协议编号	C2014007			
本汇票请你行承兑，到期无条件付款。		本汇票已经承兑，到期日由本行付款		
出票人签章 呈甜甜		吴亚迪 复核 记账		
		承兑行签章 承兑日期 年 月 日		

此联收款人开户行向承兑行收取票款时作联行往来付出传票

表 B-15-14 2/2

中国工商银行 进账单（收账通知）

20×1年12月23日

出票人	全称	杭州外海有限责任公司	收款人	全称	浙江荣发物资有限责任公司
	账号	732001260123456		账号	9558832001260004619
	开户银行	工商银行杭州中兴路分理处		开户银行	工商银行杭州创新支行

金额	人民币（大写）	柒佰万元整	亿 千 百 十 万 千 百 十 元 角 分
			¥ 7 0 0 0 0 0 0 0 0

票据种类	转账支票	票据张数	1
票据号码			

中国工商银行杭州市创新支行
20×1.12.23
转讫

复核　　记账　　　　　　收款人开户银行签章

此联是收款人开户银行交给收款人的收账通知

表 B-15-15 1/2

浙江增值税专用发票

浙江

3302214130

No 00560248

此联不作报销、扣税凭证使用　开票日期：20×1年12月25日

购买方	名　　称：	杭州外海有限责任公司	密码区	（略）
	纳税人识别号：	913302549689202528Q		
	地址、电话：	杭州市中兴路35号　0571-28379611		
	开户行及账号：	工行杭州中兴路分理处　732001260123456		

货物或应税劳务、服务名称	规格型号	单位	数量	单价	金额	税率	税额
*通用设备*KH设备配套件		套	300	26 077.848 2	7 823 354.46	13%	1 017 036.08
合　　计					¥ 7 823 354.46		¥ 1 017 036.08
价税合计（大写）	⊗捌佰捌拾肆万零叁佰玖拾元伍角肆分				（小写）¥ 8 840 390.54		

销售方	名　　称：	浙江荣发物资有限责任公司	备注	
	纳税人识别号：	913302088300020288K		
	地址、电话：	杭州市创新路188号　0571-88008666		
	开户行及账号：	工商银行杭州创新支行　95588320012600046		

收款人：陈蓝　　复核：郑萍　　开票人：叶文　　销售方：（章）

第一联：记账联 销售方记账凭证

表 B-15-15 2/2   领料单

领料部门：   凭证编号：013
用　途：销售   20×1 年 12 月 25 日   发料仓库：二号仓库

材料类别	材料名称及规格	材料编号	计量单位	计量 请领	计量 实发	单价	金额（元） 百 十 万 千 百 十 元 角 分
KH 设备配套件			套	300	300	22 032.505 8	6 6 0 9 7 5 1 7 4
合　计							

记账： 郑萍　　　发料： 孙勇　　　负责人： 丁放　　　领料： 张雨

注：产品签收略。

表 B-15-16   奖金分配表

                            20×1 年 12 月 25 日   单位：元

车间、部门	岗　位	奖励金额
车间	生产工人	7 600
车间	车间管理人员	4 000
行政管理部门	管理人员	6 000
合　计		17 600

财务主管： 周刚　　　　　　　审核： 郑萍　　　　　　　制表： 陈蓝

注：奖金分配清单略。

表 B-15-17 1/2

3301214130

浙江增值税专用发票

浙江

发票联

No 00335987

开票日期：20×1 年 12 月 25 日

购买方	名　　称：浙江荣发物资有限责任公司 纳税人识别号：913302088300020288K 地址、电话：杭州市创新路 188 号　0571-88008666 开户行及账号：工商银行杭州创新支行　95588320012600046	密码区	（略）

货物或应税劳务、服务名称	规格型号	单位	数量	单价	金额	税率	税额
*供电*电			31 550.54	0.9	28 395.49	13%	3 691.41
合　计					¥ 28 395.49		¥ 3 691.41

价税合计（大写）　⊗叁万贰仟零捌拾陆元玖角　　（小写）¥ 32 086.9

销售方	名　　称：杭州电力有限责任公司 纳税人识别号：91330195143090716F 地址、电话：杭州市文二路 199 号　0571-86847769 开户行及账号：交行文二路分行　0659500180005837427	备注	

收款人：　　　　　　复核：　　　　　　开票人： 张华

表 B-15-17 2/2

电费分配表

20×1年12月　　　　　　　　　　　　　　　　　　单位：元

科　目	项　目	分配金额
制造费用	车间耗用	18 360.61
管理费用	行政管理部门耗用	10 034.88
增值税		3 691.41
合　计		32 086.9

财务主管：周 刚　　　　　审核：郑 萍　　　　　制表：陈 蓝

表 B-15-18 1/2

浙江增值税专用发票

3302214130

浙　江

发　票　联　　　　开票日期：20×1年12月30日

No 00640402

购买方	名　称：浙江荣发物资有限责任公司 纳税人识别号：91330208830020288K 地址、电话：杭州市创新路188号　0571-88008666 开户行及账号：工商银行杭州创新支行　95588320012600046	密码区	（略）

货物或应税劳务、服务名称	规格型号	单位	数量	单　价	金　额	税率	税　额
*小型运行设备*起重设备		台	3	322 364.46	967 093.37	13%	125 722.14
合　　计					￥967 093.37		￥125 722.14

价税合计（大写）	⊗壹佰零玖万贰仟捌佰壹拾伍元伍角壹分	（小写）￥1 092 815.51

销售方	名　称：杭州诚达有限责任公司 纳税人识别号：91330208836920291E 地址、电话：杭州市启明路56号　0571-86928197 开户行及账号：工行启明路分理处　6920012607946235415	备注	（章）杭州诚达有限责任公司 91330208836920291E 发票专用章

收款人：　　　复核：　　　开票人：王 立　　　销售方：（章）

第三联：发票联　购买方记账凭证

表 B-15-18 2/2

固定资产验收单

编号：14-001

名　称	起重设备	出厂编号	090607
型号（规格）	QZJ007	原　值	
生产厂家	上海锻压机床有限责任公司	购入日期	20×1年12月30日

主要技术参数：略
随机附件及数量：略
随机资料：略
设备安装调试情况：安装调试完成。
设备验收结论：生产线工作正常，可正式投入使用。
参加验收人员：金建华　孙 云
备注：
保管部门签名：金建华　日期：20×1.12.30
使用部门签名：孙 云　日期：20×1.12.30

注：一式三份，资产管理部门一份，使用部门一份，生产厂家一份。

表 B-15-19　　　　　　　　　　　固定资产折旧分配表
　　　　　　　　　　　　　　　　20×1 年 12 月　　　　　　　　　　　　　单位：元

科　目	部　门	月初计提折旧的固定资产原价	月折旧率	折旧额
制造费用	生产车间			39 925.13
管理费用	管理部门			19 383.15
其他业务支出				
合　计				59 308.28

财务主管：周　刚　　　　　　审核：郑　萍　　　　　　制表：陈　蓝

表 B-15-20　　　　　　　　　　　应付职工薪酬费用分配表
　　　　　　　　　　　　　　　　20×1 年 12 月　　　　　　　　　　　　　单位：元

应借账户		合　计
生产成本	生产工人	187 307.18
制造费用	车间耗用	23 412.08
管理费用	管理部门	306 860.74
合　计		517 580.00

财务主管：周　刚　　　　　　审核：郑　萍　　　　　　制表：陈　蓝

表 B-15-21　　　　　　　　　　　社会统筹金分配表
　　　　　　　　　　　　　　　　20×1 年 12 月 25 日　　　　　　　　　　单位：元

科　目	项　目	分配金额
生产成本	生产工人社会统筹金	55 630.23
制造费用	车间管理人员社会统筹金	6 404.16
管理费用	行政管理部门人员社会统筹金	80 872.94
合　计		142 907.33

财务主管：周　刚　　　　　　审核：郑　萍　　　　　　制表：陈　蓝

表 B-15-22 $\frac{1}{3}$　　　　　　　　　　工会经费提取计算表

编报单位：浙江荣发物资有限责任公司　　20×1年12月　　　　　　　　　　单位：元

应付工资总额(1)	提取比例(2)	应提金额(3)=(1)×(2)
517 580.00	2‰	

财务主管：周 刚　　　　　　审核：郑 萍　　　　　　制表：陈 蓝

表 B-15-22 $\frac{2}{3}$　　　　　　　　　　职工教育经费提取计算表

编报单位：浙江荣发物资有限责任公司　　20×1年12月　　　　　　　　　　单位：元

应付工资总额(1)	提取比例(2)	应提金额(3)=(1)×(2)
517 580.00	2‰	

财务主管：周 刚　　　　　　审核：郑 萍　　　　　　制表：陈 蓝

表 B-15-22 $\frac{3}{3}$　　　　　　　　　　转账支票

中国工商银行
转账支票存根
10203320
03789624

附加信息
_____
_____

出票日期：20×1年12月30日

收款人：	杭州市国家税务局
金　额：	￥10 351.60
用　途：	上缴工会经费

单位主管：周 刚　　会计：郑 萍

表 B-15-23 原材料发出汇总表

20×1 年 12 月

部门 \ 类别	钢材料		铝材料		合 计
	数量(千克)	金额(元)	数量(吨)	金额(元)	
基本生产车间耗用					6 258 683.57
合 计					6 258 683.57

财务主管：周 刚　　　　审核：郑 萍　　　　制表：陈 蓝

表 B-15-24 存货跌价准备计提表

20×1 年 12 月　　　　　　　　单位：元

项 目	金 额
存货账面余额	
存货可变现净值	
存货跌价准备余额	
减：期初余额	
存货跌价准备本期计提	122 800

财务主管：周 刚　　　　审核：郑 萍　　　　制表：陈 蓝

表 B-15-25 坏账损失估计表

20×1 年 12 月　　　　　　　　单位：元

应收账款账龄	应收账款金额	估计损失(%)	估计损失金额
1～30 天		0.5	
31～60 天		1	
61～90 天		2	
91～120 天		5	
121 天以上		10	
破产或追溯中		30	
合 计			22 420

财务主管：周 刚　　　　审核：郑 萍　　　　制表：陈 蓝

表 B-15-26 $\frac{1}{2}$ 城市维护建设税、教育费附加计算表

20×1 年 12 月 单位：元

名 称	计税税额	应纳城建税(7%)	应纳教育费附加(3%)	地方教育费附加(2%)	合 计
增值税					
合 计					

财务主管 周 刚　　　　审核 郑 萍　　　　制表 陈 蓝

表 B-15-26 $\frac{2}{2}$ 印花税、水利建设基金税费计算表

20×1 年 12 月 单位：元

名 称	计税税额	印花税	水利建设基金	合 计
		2 541.13	11 448.88	13 990.01
合 计				

财务主管 周 刚　　　　审核 郑 萍　　　　制表 陈 蓝

表 B-15-27　　　　制造费用归集表

20×1 年 12 月 单位：元

贷方科目	金 额	借方科目	金 额
职工薪酬			
累计折旧			
水电费			
合 计			

财务主管 周 刚　　　　审核 郑 萍　　　　制表 陈 蓝

表 B-15-28　　　　产品生产成本计算表

20×1 年 12 月 单位：元

成本项目＼产品品种	合 计
直接材料	
直接人工	
制造费用	
总成本	

财务主管 周 刚　　　　审核 郑 萍　　　　制表 陈 蓝

表 B-15-29　　　　　　　　　　　　　损益类账户发生额表
　　　　　　　　　　　　　　　　　　　20×1 年 12 月　　　　　　　　　　　　　　　单位：元

账 户 名 称	借方发生额合计	贷方发生额合计
主营业务成本		
税金及附加		
其他业务成本		
管理费用——职工薪酬		
管理费用——折旧费		
管理费用——水电费		
管理费用——修理费		
管理费用——业务招待费		
管理费用——差旅费		
财务费用——利息支出		
资产减值损失		
信用减值损失		
主营业务收入		
其他业务收入		
合　计		

财务主管：周 刚　　　　　　审核：郑 萍　　　　　　制表：陈 蓝

表 B-15-30 $\frac{1}{2}$　　　　　　　　　应纳所得税额计算表
　　　　　　　　　　　　　　　　　　　20×1 年 12 月　　　　　　　　　　　　　　　单位：元

项　目	金　额
一、会计利润总额	
加：调增项目	
1. 存货跌价准备	
2. 坏账准备	
3. 业务招待费	
小　计	
减：调减项目	
1.	
2.	
3.	
小　计	
二、应纳税所得额	
适用税率	
三、应纳所得税额	

财务主管：周 刚　　　　　　审核：郑 萍　　　　　　制表：陈 蓝

表 B-15-30 $\frac{2}{2}$　　　　　　　　　　所得税费用计算表

20×1 年 12 月　　　　　　　　　　单位：元

项　目	金　额
应纳所得税税额	
加：递延所得税负债	
减：递延所得税资产	
所得税费用	

财务主管：周 刚　　　　　　审核：郑 萍　　　　　　制表：陈 蓝

表 B-15-31 $\frac{1}{3}$　　　　　　　　　本年提取盈余公积金计算表

企业名称：浙江荣发物资有限责任公司　　20×1 年 12 月　　　　　　单位：元

项　目	金　额
本年净利润	
减：弥补企业以前年度亏损	
计提盈余公积基数	
本年应提取法定盈余公积	

财务主管：周 刚　　　　　　审核：郑 萍　　　　　　制表：陈 蓝

表 B-15-31 $\frac{2}{3}$　　　　　　　　　本年应付普通股利计算表

企业名称：浙江荣发物资有限责任公司　　20×1 年 12 月　　　　　　单位：元

项　目	金　额
净利润	
减：弥补企业以前年度亏损	
提取法定盈余公积	
加：年初未分配利润	
盈余公积补亏	
可供投资者分配的利润	
应付给投资者的利润	

财务主管：周 刚　　　　　　审核：郑 萍　　　　　　制表：陈 蓝

表 B-15-31 $\frac{3}{3}$　　　　　　　　　利润分配计算表

20×1 年 12 月　　　　　　　　　　单位：元

项　目	金　额
利润总额	
所得税费用	
净利润	
提取盈余公积	
对外分配	
未分配利润	

财务主管：周 刚　　　　　　审核：郑 萍　　　　　　制表：陈 蓝

参考文献

[1] 中华人民共和国教育部网站. http://www.moe.edu.cn/.
[2] 中华人民共和国财政部网站. http://www.mof.gov.cn/index.htm.
[3] 国家税务总局网站. http://www.chinatax.gov.cn/.
[4] 中国高职高专教育网. http://www.tech.net.cn/web/index.aspx.
[5] 陈强. 财务会计实务[M]. 4版. 北京：清华大学出版社，2021.
[6] 陈强. 会计学基础——非财务会计类专业使用[M]. 4版. 北京：清华大学出版社，2021.
[7] 陈强. 中级财务会计[M]. 2版. 北京：清华大学出版社，2008.